CENTRO ESPÍRITA:
DIRETRIZES BÁSICAS E UNIFICAÇÃO

Edição e distribuição:

Caixa Postal 1820 – CEP 13360-000 – Capivari-SP
Fone/fax: (19) 3491-7000 / 3491-5603
E-mail: atendimento@editoraeme.com.br
Site: www.editoraeme.com.br

Solicite nosso catálogo completo com mais de 400 títulos.

Não encontrando os livros da EME na livraria de sua preferência, solicite o endereço de nosso distribuidor mais próximo de você através do fone/fax ou e-mail acima.

Celso Martins e Rubens Braga

CENTRO
ESPÍRITA:
DIRETRIZES BÁSICAS E UNIFICAÇÃO

Apêndice:
Algumas Considerações sobre o Movimento
Espírita, por Paulo R. Santos

Capivari-SP
— 2006 —

Centro Espírita: Diretrizes Básicas e Unificação
Celso Martins/Rubens Braga

2ª edição abril/2006
Do 1.001 ao 2.000 exemplares

Capa:
Ilustração: DR Perillo
Arte-final: André Stenico

Revisão:
Rute Villas Boas

Ficha catalográfica

Martins, Celso/Braga, Rubens
Centro Espírita: Diretrizes Básicas e Unificação, Celso Martins e Rubens Braga. (1ª edição, janeiro/2003), 2ª edição abril/2006, Editora EME, Capivari-SP.
130 p.
1 - Organização e Direção do Centro Espírita
2 - C.E. – Diretrizes Básicas e Unificação
CDD 133.9

Índice Geral

Palavras da Editora 7
Conceitos Iniciais 11
O Centro Espírita 31
Atividades Doutrinárias 43
   I — Grupos de Estudos 47
   II — Grupos Mediúnicos 49
   III — Reuniões Públicas 51
Abrindo as Portas do Coração 53
   I — Atendimento Fraterno 54
   II — Atendimento Infanto-Juvenil 57
     A) Evangelização Infantil 58
     B) Mocidade Espírita 60
O Pão do Corpo e o Pão do Espírito 65
   I — Serviço Assistencial Espírita 66
   II — O Livro Espírita 68
O Evangelho no Lar 73
As Terapias Alternativas 77
A Unificação do Movimento Espírita 87
   I — A Pureza Doutrinária 93
   II — Conceito de Unificação 96
   III — Os Objetivos dos Centros, das Uniões
   Municipais e demais Entidades Administrativas 98
   IV — Os Representantes dos Centros Espíritas ... 101
   V — A Palavra da Espiritualidade 102
<u>Apêndice</u> : Algumas Considerações sobre o
Movimento Espírita — por Paulo R. Santos 105

Palavras da Editora

Estamos assistindo, desde os últimos anos do século XX, a um expressivo crescimento do Espiritismo no Brasil com elevado número de adeptos, a editoração de muitos livros por inúmeras editoras, algumas novas, outras já tradicionais, a circulação de jornais, de revistas inclusive nas bancas junto ao grande público, a transmissão da mensagem espírita pelo rádio, pela televisão, pela Internet, afora a realização de congressos, de encontros, de simpósios, a criação de associações de profissionais liberais espíritas (médicos, psicólogos, delegados de polícia, juízes) e sobretudo a instalação de novos centros espíritas.

Eis uma realidade que nos causa a um tempo alegria e preocupação.

Alegria por vermos que se atende às palavras de Jesus: ide e pregai. Dissemina-se a Doutrina Espírita levando luz para as mentes e paz para os corações, tanto de encarnados como de desencarnados.

E preocupação quanto aos rumos que estaremos dando ao movimento espírita. De pronto vêm-nos à mente as palavras de Léon Denis: "O Espiritismo será aquilo que dele fizerem os homens".

Não deixamos de ter confiança nos Espíritos Superiores que supervisionam o progresso da Humanidade e, assim, o desenvolvimento do Espiritismo. Todavia, toda cautela é pouca nestas horas. Temos o exemplo histórico do que sucedeu à mensagem de Jesus durante a Idade Média.

A nosso convite, embora com a agenda abarrotada de atividades doutrinárias, Celso Martins, que já nos ofereceu em 1998 o livro *Manual do Expositor e do Dirigente Espírita*, obra que despertou vivo interesse no ano seguinte na IX Bienal Internacional do Livro, no Rio de Janeiro, concordou em reunir seus escritos ao material que em 1991 o confrade Rubens Braga apresentou com brilhantismo no VIII Congresso Espírita Estadual, promovido pela União das Sociedades Espíritas do Estado de S. Paulo a respeito do centro espírita e a unificação do movimento espírita nacional, ora já alcançando outros países do mundo inteiro.

Em pouco tempo o escritor carioca elaborou este livro, ora oferecido ao público, elaborado em cima da realidade que os dois autores vivenciaram de perto durante muitos anos. Nossa Editora Espírita Mensagem de Esperança ficaria muito satisfeita se este esforço fosse de alguma forma útil aos leitores, em especial

CENTRO ESPÍRITA: Diretrizes Básicas e Unificação

àqueles que estão à frente das entidades espíritas, desde os centros até às federações, passando pelas uniões municipais espíritas, melhorando o estudo e a vivência, a compreensão e a difusão dos postulados da Terceira Revelação.

Capivari, setembro de 2002.

Conceitos Iniciais

Tencionamos neste livro, sem qualquer idéia de catequese ou de polêmica evidentemente, analisar o que seja um centro espírita e como entendemos o que vem a ser a unificação da família espírita nacional e mesmo internacional, de vez que, começando a preparar este texto a 1º de maio de 2001, neste começo de século XXI presenciamos o modo como se amplia a atividade de muitos companheiros no sentido de aprofundar a difusão da mensagem do Espiritismo em outros países doutros continentes, atividade esta de certa forma já iniciada no último quartel do século anterior, sobretudo com as constantes viagens e conferências proferidas pelo médium e tribuno baiano Divaldo Pereira Franco (dentre outros) com a inestimável colaboração e o correspondente empenho de confrades brasileiros, ou não, residentes nestas outras cidades além das fronteiras nacionais.

Bem, se o assunto é Doutrina Espírita, antes de tudo convém recordar, pelo menos para fixar bem o que queremos expor, o que entendemos por isto. Vejamos por partes.

De início, doutrina. A palavra doutrina vem do latim doctrina, da raiz docere, que quer dizer ensinar. É etimologicamente tudo aquilo que se pode ensinar. Bem entendido que os co-autores não se consideram mestres em Espiritismo. Seria ridículo, até porque não há mestres em Espiritismo. O único mestre que temos é Jesus! O único professor se chama Allan Kardec! Nós todos, sem exceção, somos colegas. Conforme canta o hino Alegria Cristã, escrito por Leopoldo Machado e musicado por Oly de Castro, nos anos 40 do século XX, somos companheiros, amigos e irmãos, que vivem alegres pensando no Bem. Entretanto, nada impede que aquele dotado de um pouquinho mais de conhecimentos, venha com espírito de humildade e cooperação, a conversar com os demais confrades, sem ar de superioridade, numa troca de idéias e experiências em torno deste ou daquele assunto. Haja descontração e camaradagem sempre!

Uma doutrina basicamente representa um conjunto coerente de idéias fundamentais destinadas a serem transmitidas pelo ensino. E quando estas idéias têm em vista o Bem de todos, o aprimoramento do gênero humano, o progresso da Humanidade, é claro que acabam por despertar em seus adeptos ideais superiores pelos quais trabalham com afinco sem, voltamos a

CENTRO ESPÍRITA: Diretrizes Básicas e Unificação 13

repetir, em nosso caso, nenhum propósito salvacionista, geralmente oriundo do fanatismo intransigente, o que, a bem da verdade, só tem trazido profundos malefícios para a família humana no quadro doloroso dos preconceitos irracionais de todos os tempos. É claro que não haveríamos de repetir os erros da História. Se antes já declaramos que temos Jesus por único Mestre, sejamos seus discípulos pois ele mesmo dissera que estes seriam reconhecidos por muito se amarem.

Todo aquele que se propõe a divulgar uma doutrina, qualquer que ela seja, científica, filosófica, religiosa, política etc, há de saber o que é que realmente está divulgando; e também procurar fazer esta difusão de um modo adequado para que sua intenção seja coroada de êxito. Deve estar seguro do que está ensinando e saber manejar determinadas técnicas especiais de natureza eminentemente didática para chegar ao seu objetivo mais facilmente. A Editora Espírita Mensagem de Esperança, publicou o livro intitulado *Manual do Expositor e do Dirigente Espírita*, onde estas técnicas foram expostas com riqueza de dados.

Numa palavra, além de conhecer as idéias características próprias desta doutrina, há de buscar fazer-se entender em sua comunicação. Não se trata de tarefa de difícil execução. Não. Todavia, pede do divulgador o cuidado de saber a que público está se dirigindo a fim de tirar o melhor proveito da sua tarefa. Caso contrário, por melhor que seja a sua intenção e por mais nobres que sejam as idéias e os princípios básicos da sua doutrina, não haverá, a rigor, uma boa comunicação, com o risco de muitos não alcançarem o que se pretendeu divulgar. Nesta hora nem sempre o mais culto é o melhor comunicador. Nem sempre aquele que ocupa o posto mais destacado de uma casa espírita, muito exímio na administração, o é também na comunicação. Manda a modéstia ele reconheça isso e delegue poderes a quem possa executar a tarefa com mais desenvoltura. Mas só age assim quem tem em vista a doutrina e não a sua autopromoção, pois isto seria lamentável vedetismo, num triste desserviço à doutrina. Sabemos desagradável o termos de dizer isto; porém o fazemos por amor à verdade, à evidência dos fatos. Uma dose de humildade nunca fará mal a ninguém. Nem aos co-autores deste livro que, de modo algum, estão a ditar normas, a estabelecer regras como se fossem donos da Verdade porque não o são mesmo!

Além disto, esta exposição doutrinária deve ser tão clara e tão objetiva que não deixe margem à dupla interpretação tampouco a interpolações, a enxertias da parte de terceiros interessados solertemente em deturpar aquelas idéias, em desviar em proveito próprio ou em proveito de alguns grupos, os mais caros ideais da doutrina então difundida. A longa História da Humanidade é um celeiro de exemplos disto: idéias nobres alteradas ao longo dos anos, desfigurando o que seus fundadores ou líderes iniciais

CENTRO ESPÍRITA: Diretrizes Básicas e Unificação 15

propuseram. Jesus foi tão simples em seus ensinos e sobremaneira em seus exemplos e o mundo ocidental criou preces além do Pai Nosso, passou a cobrar ofícios religiosos quando alguém nasce, casa-se ou morre, estabeleceu um complicado ritual para adorar o Criador, uma série de proibições de leitura deste ou daquele livro, até encarniçadamente foram feitas perseguições de ordem econômica, no anseio de poder financeiro ou político mediante operações militares sangrentas, acirradas pelo fanatismo da fé cega. E a sua ligação de amor ao semelhante foi motivo de chacinas horrorosas. O seu exemplo de abnegação foi fonte de inspiração equivocada de construção de templos de pedra e exigência de dízimos. Paremos por aqui porque o leitor já sabe disto tudo. São deformações que o egoísmo e o orgulho, ainda inerentes na criatura que vive temporariamente à face da Terra, conseguem introduzir nos mais belos ideais. E os que se levantaram contra semelhantes distorções sofreram torturas até à morte. Mas como diz o pensamento espanhol, a verdade padece mas não desaparece. Embora nos céus as nuvens se amontoem, mais alto paira sempre a luz do sol. E, à noite mais sombria, segue-se o lindo raiar de um amanhecer de claridade de calor e vida em abundância! O mesmo se dá no mundo das doutrinas. O Bem prevalece sempre! Avancemos com fé em Deus!

Uma doutrina será tão mais facilmente assimilada quanto mais simples (não dissemos simplistas nem simplórios!) forem os seus princípios! Ou quanto mais clara for a sua exposição. E serão estes seus princípios mais facilmente aceitáveis quanto mais dados forem fornecidos em seu abono, sempre em nível acessível a um maior número de pessoas, daí a necessidade de se trabalhar com exemplos concretos, retirados à vida real, explicados sem artificialismo nem pieguismo, sem apelo à emoção, mas com objetividade, falando à razão e ao bom-senso.

Evitamos a todo transe trabalhar em cima de hipóteses e suposições fantasiosas, usando um linguajar que não seja rebuscado, tampouco vulgar ou pobre demais. Há doutrinadores que usam de uma linguagem tão altissonante, estão lá em cima tão distante em altos vôos, que o povo não consegue entendê-los por mais que se esforce. Não cabe ao aluno subir muito para atinar com o que lhe ensina o professor. Não. Um co-autor deste livro lecionou durante 40 longos anos e percebeu, desde o começo, em 1960, ser dever seu descer ao nível do aluno e, a pouco e pouco, trazê-lo para um patamar mais alto e mais vasto de entendimento. E muitos de seus ex-alunos, com o escoar do tempo, alcançaram uma soma muitíssimo maior do que a do seu velho mestre.

Este livro, seria até desnecessário dizer, destina-se à difusão da Doutrina Espírita. Sendo assim, deixemos bem claro, mais uma vez (pois já foi feito isto muitas vezes em outras ocasiões por outros companheiros), não existir Doutrina Kardecista. Nem

CENTRO ESPÍRITA: Diretrizes Básicas e Unificação   17

Kardecismo. Muito comum, mas errônea, esta expressão. Até entendemos a razão pela qual muitos a usam; é para diferençar o Espiritismo da Umbanda. E os umbandistas, mais ou menos na metade do século XX (nos anos 30 e 40, durante a ditadura Vargas, na época do Estado Novo, implantado em 1937 e se estendendo até 1945, tiveram de dizer-se espíritas para fugir às perseguições religiosas dos padres, dos médicos psiquiatras e mesmo da polícia, perseguições estas que também atingiram em cheio os espíritas; isto sem remontarmos a anos anteriores quando houve polêmicas de Leopoldo Machado, de Carlos Imbassahy e processos caluniosos contra Eurípedes Barsanulfo e até Chico Xavier).

Porém, insistimos: não há Doutrina Kardecista; não existe Kardecismo. Tampouco Espiritismo de mesa ou Espiritismo científico. Não há nada disto por que a doutrina ora em estudo nunca foi produto da elaboração mental de um professor francês chamado Hippolyte Léon Denizard Rivail, que tomou o nome de Allan Kardec a fim de estabelecer distinção entre suas novas pesquisas e conclusões no trato do fenômeno mediúnico e as suas anteriores atividades de educador renomado, discípulo de Pestalozzi quando adolescente.

Allan Kardec nasceu em 18 de abril de 1857 quando saía a 1ª edição de *O Livro dos Espíritos*. Na verdade, num trabalho hercúleo, nem sempre entendido, muitas vezes até perseguido, ele coordenou, organizou, como se diz comumente codificou uma doutrina ditada pelos Espíritos Superiores. Formulava argutas perguntas sobre os mais sérios temas filosóficos, sociais e morais sobre o ser, a vida, a dor, a morte, Deus e a criação, mandava estas questões por meio de cartas (estava a Humanidade numa época anterior ao telégrafo, ao telefone, ao computador...) a diversos médiuns, desconhecidos entre si, residentes em distantes cidades francesas e mesmo doutros países e, depois, mediante o mais rigoroso controle buscou tirar a concordância universal destas respostas e, com este acervo de informações, sob a orientação direta de Jesus, que se apresentou como o Espírito de Verdade, trouxe à Humanidade o Espiritismo.

Aliás, esta palavra (Espiritismo) Kardec a criou (é um neologismo) e serviu para diferençar aquela nova doutrina surgida na segunda metade do século XIX em plena Paris, a cidade mais culta do mundo à época. O próprio Allan Kardec teve o cuidado especial de, nas páginas iniciais de *O Livro dos Espíritos*, esclarecer que o vocábulo já muito em voga Espiritualismo era (como de fato é) muito genérico, tem um sentido muito amplo congregando todas as correntes de pensamento que admitem no ser humano algo além do corpo material, a que dá o nome de alma ou espírito; por extensão, a todas as correntes filosóficas e religiosas que, no Universo, admite a existência de um Criador a que se dá o nome de Deus.

CENTRO ESPÍRITA: Diretrizes Básicas e Unificação   19

Dentro deste contexto de idéias, o Catolicismo, o Protestantismo em todos os seus diferentes ramos em que se dividiu, o Umbandismo, o Islamismo ou Maometismo, o Judaísmo, enfim, todas as religiões são correntes espiritualistas porque sem dúvida nenhuma delas aceitam sem nenhuma discussão a existência da alma ou do espírito no ser humano, e de Deus (pouco importando o nome que se lhe dão) na criação universal. Contrapõem-se todas elas ao Materialismo, outro nome muito usado há séculos, o qual não aceita a alma nem admite Deus.

Pois muito bem, o Espiritismo também é uma corrente espiritualista. E é espiritualista porque, além de admitir, ele prova de maneira irrecorrível a existência de um princípio incorpóreo. E admite a existência de uma inteligência suprema, criadora de tudo e de todos. A Doutrina Espírita, a mesma coisa que Espiritismo, vai mais além ao demonstrar que a alma preexiste ao berço e sobrevive ao túmulo. Bem, poderá alguém achar que estamos a fazer mera pregação religiosa. Não e não. Hoje em dia a ciência oficial, com as pesquisas da Parapsicologia honesta, demonstra tais assertivas. Ligeiramente daremos alguns exemplos de que estes temas não são mais da esfera meramente religiosa mas do domínio científico. Vejamos ainda que num rápido vôo de pássaro, como se diz na língua francesa.

Oliver *Lodge*, cientista britânico, da Universidade de Londres, da Universidade de Liverpool, da

Universidade de Birmingham, membro da Academia Real de Londres e da Sociedade de Pesquisas Psíquicas, autor de 14 obras espíritas, declarou solenemente:

"Lanço um desafio aos meus adversários; sustento que há provas da sobrevivência e que as há perfeitamente sólidas."

Pois muito bem, fica aqui o convite a que se leiam os seguintes livros já traduzidos para o português:

1) *Morte, Estágio Final da Evolução* — Ed. Record — Rio de Janeiro;

2) *Sobre a Morte e o Morrer* — Livraria Martins Fontes Editora Ltda — São Paulo

ESTES LIVROS FORAM ELABORADOS POR ELIZABETH KLUBER-ROSS;

3) *Vida Depois da Vida* — Editorial Nórdica Editora — Rio de Janeiro;

4) *Reflexões sobre a Vida depois da Vida* — mesma editora

ESTES DOIS TÍTULOS SÃO DA LAVRA DE RAYMOND A. MOODY JÚNIOR;

5) *O que nos espera depois da morte* — Ed. Record — Rio de Janeiro

LIVRO ESCRITO POR GEORGE W. MEEK;

6) *Vida sem Morte?* — Editorial Nórdica — Rio de Janeiro

OBRA DE AUTORIA DE NILS O. JACONSON;

7) *O que é a Morte* — D.P.L. — São Paulo

LIVRO DE CARLOS IMBASSAHY.

Joseph Banks Rhine, ilustre criador da

CENTRO ESPÍRITA: Diretrizes Básicas e Unificação 21

Parapsicologia em 1930, na Universidade de Duke, nos Estados Unidos da América, autor de obras como *O Novo Mundo da Mente*, *O Alcance do Espírito*, *O Novo Mundo dos Espíritos e Fenômenos Psi e Psiquiatria*, assim se expressou:

"A conclusão atual, portanto, é que algo nos resultados das experiências psi que exige certo tipo de ordem de realidade além físico — seja extrafísico."

De igual maneira, voltamos a convidar a leitura destes livros:

8) *Fenômenos Psíquicos no Momento da Morte* — Federação Espírita Brasileira — Rio de Janeiro;

9) *Metapsíquica Humana* — mesma editora citada AMBOS OS LIVROS SÃO DE ERNESTO BOZZANO;

10) *Os Espíritos Comunicam-se por Gravadores* — Edicel — Sobradinho (DF)

LIVRO DE PETER BANDER;

11) *Projeção do Corpo Astral* — Editora Pensamento — S. Paulo

TRABALHO DA DUPLA SYLVAN J. MULDOON e HEREWARD CARRINGTON.

Poderíamos arrolar muitos e muitos mais exemplos de livros que o leitor leria com proveito. Deixamos de fazê-lo para não sermos prolixos.

O Espiritismo é uma doutrina de elevado teor espiritual consubstanciando normas e diretrizes superiores que visam, primordialmente, à elevação do ser humano. Escrevendo pelo lápis do médium mineiro Francisco Cândido Xavier, o Espírito Emmanuel assim o definiu: "Espiritismo é processo libertador de consciências, a fim de que a visão do homem alcance horizontes mais altos."

Avançando em nosso comentário, diríamos que a Doutrina dos Espíritos tem idéias e princípios, fundamentos e postulados característicos que a diferenciam das demais correntes religiosas espiritualistas. Todo espírita é necessariamente espiritualista. Mas nem todo espiritualista é obrigatoriamente espírita. Façamo-nos mais claros neste raciocínio fundamental para que se entenda o que vem a ser de fato um centro espírita.

É bem verdade que ela elege a moral do Cristo por roteiro seguro que conduz o homem à felicidade e à perfeição relativa, já que perfeição absoluta é um atributo de Deus. Ela aponta Jesus como o modelo, o guia de toda a Humanidade, até mesmo para os povos considerados não-cristãos. É mera questão de rótulos, de títulos, de nomes convencionais. Ser cristão é ver no outro o seu irmão e tratá-lo com amor, sem preconceito de espécie nenhuma. E novamente voltamos a dizer que isto não é mais uma simples pregação religiosa. O Projeto Genoma, mapeando os genes humanos, está mostrando que existe uma espantosa semelhança entre o patrimônio genético que tem o homem e os demais seres vivos, incluindo os animais, as plantas, até os micróbios em geral, daí o significado sublime da frase inicial da prece de Jesus:

PAI NOSSO!

Ser cristão é respeitar o semelhante na mesma medida que gostaria de ser respeitado. É não guardar mágoas nem ressentimentos. É não se mortificar com sentimentos de culpa nem atirar às costas de terceiros a responsabilidade de seus enganos, de seus equívocos, de suas frustrações e de seus insucessos. A Medicina Psicossomática está mostrando sobejamente a influência das emoções, até mesmo dos pensamentos sobre o corpo, tanto na saúde como na doença. E neste contexto, a mágoa e a culpa estão na base de muitas doenças que flagelam ainda hoje o ser humano.

Ser cristão é ter este entendimento da vida. E o Espiritismo outra coisa não vem pregando desde a codificação de Allan Kardec.

Como dissemos, é bem verdade que a Doutrina Espírita elege a moral do Cristo como roteiro da nossa felicidade e da nossa perfeição relativa. Seus exemplos e suas palavras corretamente interpretadas são o código moral de nossa vivência e sobretudo de nossa convivência social. Nada obstante, o Espiritismo jamais admitiu um céu paradisíaco, sereníssimo, muito tranqüilo para meia dúzia de eleitos enquanto o resto da Humanidade por todo o sempre padeceria os piores sofrimentos num inferno abrasador sem fim. De igual maneira jamais pregou a criação de seres perfeitos desde a criação e considerados anjos e arcanjos e serafins. Muitíssimo ao contrário! A Doutrina dos Espíritos é altamente consoladora quando nos ensina que Deus a todos os seus filhos criou por igual e com um mesmo destino do qual nenhum se furtará: ser um dia felizes mediante seus esforços, graças a seu mérito individual intransferível.

Voltamos a repetir para fixar bem o ensino espírita que deve ser passado ao povo, sobretudo ao que sofre a despeito de tanto avanço tecnológico do mundo atual: Deus criou todos os Espíritos simples e não sabendo o que é o Bem nem o que é o Mal. Cada um é que, ao longo dos milênios, graças aos seus esforços, e com o amparo de seus amigos, em obediência a leis físicas e morais eternas, sábias, justas e perfeitas, vai construindo o seu destino e, assim, o seu céu interior de consciência tranqüila, ou seu inferno íntimo, que dura enquanto o Espírito permaneça no propósito do malefício ao semelhante, a si mesmo prejudicando. Restabelecido o equilíbrio da violação da Lei do Amor, da Justiça e da Caridade, o Espírito prossegue colhendo tudo o que de bom semeou em seu caminho para a frente e para o alto.

E mais, o Espiritismo não tem nenhum sacerdote! O presidente de um centro espírita ou um médium que ali trabalhe de modo algum é um sacerdote. Nem é alguém diferente dos demais adeptos ou freqüentadores. Nada os diferencia dos demais companheiros e mesmo dos seres humanos cá de fora a não ser o desejo sincero de servir. Eles têm as mesmas dores, os mesmos problemas, as mesmas tribulações, às vezes em intensidade ou quantidade mais expressiva

CENTRO ESPÍRITA: Diretrizes Básicas e Unificação 25

em razão de seu passado reencarnatório. Na verdade, são criaturas que, pelo menos em princípio, desejam viver os ensinos de Jesus; e os tentariam viver menos se não estivessem na condição de médium ou de diretor de uma casa espírita.

Em Espiritismo não há hierarquia sacerdotal. Se existem uniões municipais espíritas, se há federações estaduais etc, estas instituições apenas existem para coordenar o movimento das atividades espíritas e nada mais que isto. Ninguém ali exerce cargo vitalício. O mesmo ocorre no centro espírita. Poderá dar-se o caso de um ou outro confrade ficar mais tempo à frente de uma tarefa administrativa porque não há alguém que queira substituí-lo; nem seria prudente tirá-lo só por tirá-lo se ele vem executando as suas atribuições democraticamente, em regime de equipe um trabalho satisfatório levando-se em conta as condições do local onde está instalado o centro espírita. Mas hierarquia sacerdotal não existe. Nem ninguém vive às custas da casa espírita. A contribuição mensal, os donativos eventuais, as doações em dinheiro ou em espécie se convertem imediatamente em recursos para as despesas do funcionamento do centro sobretudo no atendimento às pessoas materialmente mais carentes.

O que nos diferencia diante de Deus é o nosso mérito individual intransferível! Nada mais que isto!

O Espiritismo tem por objetivo a reforma moral do homem e o centro espírita é a bendita escola de almas, ensinando-nos a viver. O centro espírita é como que um celeiro de esperanças na inquietude da noite das aflições por ofertar a luz do Consolador.

Por outro lado, cumpre-nos repetir que a Doutrina dos Espíritos de modo nenhum tem qualquer culto externo. Respeita as religiões que o tenham porque há pessoas que ainda necessitam de um referencial material para fixar seu pensamento. Precisam de uma imagem, por exemplo, para mentalizar melhor a proteção espiritual. O Espiritismo entende este estado de coisas, daí não condenar este culto exterior; todavia, não o incorpora às suas reuniões até porque Jesus, no diálogo com a mulher samaritana, quando ela lhe indaga onde Jeová deveria ser adorado, se no Templo de Jerusalém, se no monte chamado Garizim, conforme faziam os habitantes da província da Samaria, grupo étnico não bem visto pelos demais judeus, o Divino Mestre deu aquela resposta famosa no sentido de que Deus quer para adoradores aqueles que O adorem em Espírito e Verdade. Com efeito, a melhor forma de se adorar o Criador é justamente amar, respeitar, auxiliar o semelhante.

O saudoso líder espírita Pedro de Camargo, mais conhecido por Vinícius, dentre outras exemplificações, dizia que adorar a Deus é colaborar, por pensamentos, palavras e obras, no estabelecimento do seu reino neste mundo; reino de fraternidade, de igualdade e de liberdade. É querer o bem de todos os homens, é renunciar à sua personalidade em favor da coletividade. É viver segundo as grandes leis divinas,

CENTRO ESPÍRITA: Diretrizes Básicas e Unificação   27

gravadas em caracteres indeléveis no âmago das nossas consciências, e que se traduzem em amor e em justiça. Tais exortações estão contidas em seu admirável livro *Em Torno do Mestre* (edição da FEB).

Num escrito estampado com exclusividade na revista *Veja*, de 13 de setembro do algo distante ano 1972 (p.36), o historiador Arnold Tounbee dizia que talvez a razão fundamental da atual (note bem o leitor, ano de 1972) onda de criminalidade, tanto no campo individual como no coletivo, fosse a perda da religião. Alegava ele que vivíamos como que num vácuo religioso de maneira que os padrões tradicionais e os códigos de ética perderam sua força. Este mesmo historiador na obra *A Sociedade do Futuro* afirmava que a paz duradoura só será obtida depois de uma revolução ética do homem que passa a amar seu próximo.

Mas prossigamos em nosso comentário. O Espiritismo não admite nenhuma forma de culto exterior, o que equivale dizer não haver de maneira alguma em um centro espírita altares com velas, imagens, flores, não existirem vestimentas especiais, entoação de cânticos, queima de ervas aromáticas, danças ritualísticas, ingestão de alcoólicos, uso de charutos ou cachimbos, muitíssimo menos o sacrifício de animais e coisas semelhantes. Reiteramos respeitar quem assim age pensando no Bem e até mesmo praticando-o com desinteresse sem cobrança de dinheiro ou reconhecimento à guisa de gratidão. No entanto, a Doutrina Espírita não adota nada disto!

O culto do espírita é feito através do recolhimento e da prece. É efetuado mediante o trabalho voluntário sem esperar recompensas materiais ou celestes depois da morte. É praticado com a vivência da Caridade não só a material em prol dos carentes mas sobretudo a moral da tolerância, do entendimento, da indulgência, do perdão. O espírita não pactua com as práticas do mal; tampouco silencia diante da solércia e da hipocrisia dos que exploram a credulidade alheia, aproveitam-se da ingenuidade do próximo. O espírita consciente não quer trazer à força para seu centro ou para o seu modo de pensar aqueles que se sentem bem onde estejam, às vezes até sem se ligarem a esta ou àquela seita. Em contrapartida, por uma questão de coerência doutrinária e na defesa do Espiritismo, o espírita responsável não admite a introdução de práticas que não encontram respaldo em Kardec. Não se trata de intolerância ou ortodoxia; não; apenas cuidado em preservar o patrimônio legado pelo Codificador contra enxertias que descaracterizam o Espiritismo. Podem ser até atos respeitáveis mas que, voltamos a repetir, não têm o menor cabimento num recinto espírita como preces especiais, batizados, casamentos, festas ruidosas.

Sabemos que este capítulo se alongou. Mas é necessário que estes conceitos iniciais fiquem bem claros e definidos para evitar mal-entendidos e mesmo distorções. Os livros de Allan Kardec (*O Livro dos Espíritos, O Livro dos Médiuns, O Evangelho segundo o Espiritismo, A Gênese, O Céu e o Inferno,* a coleção da

CENTRO ESPÍRITA: Diretrizes Básicas e Unificação   29

Revista Espírita entre 1858 e 1869, *O Que é o Espiritismo,
Obras Póstumas* e *Viagem Espírita* em 1862) constituem
verdadeiramente a Doutrina Espírita. São o fio de
prumo, constituem a bússola. Tudo quanto não se afine
com estas obras básicas — provenha de onde ou de
quem provier, poderá ser até respeitável — mas não é
Espiritismo! Fazemos ênfase neste sentido porque
infelizmente, como já vimos antes, a mensagem genuína
de Jesus foi totalmente desfigurada sobretudo na Idade
Média, cabendo ao Espiritismo estabelecer as coisas nos
seus devidos lugares, daí dizer-se, sem laivos de
fanatismo, que a Doutrina dos Espíritos é o Cristianismo
Redivivo, é o Cristianismo restaurado, é o Cristianismo
de Jesus e não o que os homens dele fizeram ao longo
dos séculos. Aliás, os homens, não; nós mesmos em
outras existências corporais anteriores à atual.

O Centro Espírita

O centro espírita é uma sociedade civil de pessoas interessadas no estudo, na prática e na divulgação do Espiritismo, tal como nós o entendemos e expusemos páginas atrás. Trata-se de um grupo que não tem nenhuma finalidade lucrativa nem conotação político-partidária. E poderá ter finalidade beneficente, embora seu objetivo maior seja o estudo, a prática e a difusão dos postulados da Doutrina dos Espíritos Superiores, conforme dito linhas acima. Fruto da evolução do Espiritismo e do próprio pensamento humano, está perfeitamente caracterizado por estas palavras do Espírito Emmanuel, escritas pelo médium mineiro Chico Xavier: "O Centro Espírita é um templo de trabalho educativo e de solidariedade humana", ou ainda, é a "Universidade da Alma".

O estudo do Espiritismo, feito de preferência segundo o Estudo Sistematizado, é um dos principais objetivos da casa espírita, pois através dele se percebe, inclusive, como esta instituição está inteiramente isenta de qualquer crença formalista.

Para que haja entrosamento de suas atividades (administrativas, doutrinárias, mediúnicas, assistenciais etc.), o centro espírita deve ser regido pelo Estatuto, devidamente registrado em cartório, o que lhe oficializa a existência e lhe dará condições de funcionar conforme as leis em vigor em nosso País, cuja Constituição permite, além da liberdade religiosa e de expressão, a liberdade de associação. O referido Estatuto, redigido de comum acordo com os associados, é um instrumento legal que tratará da denominação, da duração, do domicílio, da sede e do foro, além de suas finalidades, dos deveres e dos direitos dos sócios, da sua forma de ser administrado e das disposições gerais da instituição.

Além do Estatuto, que é uma exigência jurídica, o centro espírita obedecerá a um Regime Interno. E para que possam ser coroadas de êxito as suas atividades, em síntese na administração encontraremos a Assembléia Geral, a Diretoria e o Conselho Fiscal. Vejamos cada um de per si.

A Assembléia Geral é o órgão soberano do centro espírita. Será constituída de seus sócios efetivos elegendo a Diretoria e o Conselho Fiscal. Aprecia e aprova (ou não) o parecer deste Conselho Fiscal e faz avaliação da prestação de contas periódica da Diretoria.

Esta Diretoria responsabiliza-se pela administração

CENTRO ESPÍRITA: Diretrizes Básicas e Unificação 33

do centro sendo basicamente constituída pelo Presidente, Vice-Presidente, 1º e 2º Secretários, 1º e 2º Tesoureiros, cabendo à secretaria o expediente burocrático e à tesouraria a escrituração do movimento financeiro do centro.

Já o Conselho Fiscal examina todos os documentos e livros em uso pela Diretoria e submete à Assembléia Geral, previamente convocada, seu parecer acerca da prestação de contas de todos os atos da Diretoria. Como se pode observar, tudo deve ser feito dentro da maior lisura e transparência numa discussão de idéias e nunca de pessoas.

Já o Regimento Interno será instrumento auxiliar da administração, regulamentando desta maneira as tarefas do centro espírita, tarefas estas que poderão ser, de acordo com as necessidades, departamentalizadas como por exemplo, Departamento de Orientação Doutrinária, Departamento de Orientação Mediúnica, Departamento Infanto-Juvenil, Departamento de Assistência Espiritual, Departamento de Assistência Social, Departamento de Divulgação etc.

As reuniões do centro espírita poderão ser públicas como as palestras, as conferências, os estudos, os debates, como as exposições doutrinário-evangélicas com posterior (ou não) doação de passes e magnetização de água com fins terapêuticos (advertindo-se que o tratamento mediúnico-espiritual de modo nenhum substitui o tratamento médico convencional com os médicos, os psicólogos, os psiquiatras, os analistas, se for o caso de algum paciente que recorra ao centro espírita para alívio e cura de seus males). E poderão estas reuniões ser privativas como as de estudo sistematizado da Doutrina Espírita, as de desenvolvimento e educação mediúnica, as de desobsessão, privativas unicamente no sentido de que a elas devem assistir aquelas pessoas delas realmente necessitadas e previamente convidadas pela Diretoria.

Como o assunto é vasto, e cada centro espírita é um centro espírita ante a realidade que deve encarar numa cidade e as necessidades das pessoas e dos Espíritos desencarnados pelo referido centro assistidos, vamos dar maior atenção ao Departamento de Orientação Doutrinária. Não é que os demais departamentos não devessem nossa atenção. Apenas não é nosso desejo tornar o nosso livro por demais extenso. Noutros livros poderemos analisar estes assuntos com mais aprofundamentos.

Bem, dando continuidade, entendemos por movimento espírita o conjunto de atividades que desenvolvemos para estudar, aprender e sobretudo vivenciar tudo quanto aprendemos em termos de Doutrina Espírita. Sendo formado de elementos humanos, este movimento tem muitas realizações nobres e bonitas, exemplos admiráveis de trabalho e mesmo de renúncia no socorro aos doentes do corpo e da alma; porém, exatamente por ser atividade de natureza humana, a despeito da orientação espiritual, como os Espíritos Superiores não interferem em nosso

CENTRO ESPÍRITA: Diretrizes Básicas e Unificação 35

livre-arbítrio, podendo sugerir mas nunca impor nada, a fim de que nos caibam os méritos dos sucessos e as conseqüências dos equívocos e enganos, este movimento há de ressentir-se das limitações humanas, tema que analisaremos ainda no presente livro.

O aspecto doutrinário de um centro espírita é de primordial importância para o movimento do Espiritismo e, por isso mesmo, deve merecer muita atenção, um especial carinho mesmo por parte dos dirigentes do centro. Por isso, é de toda conveniência se organize o Departamento de Orientação Doutrinária, dele fazendo parte companheiros dotados de razoável conhecimento nos princípios espíritas, segundo (escusado até dizê-lo) as diretrizes da Codificação de Kardec.

Nas reuniões deste Departamento o tempo será integralmente dedicado à apreciação dos diversos trabalhos doutrinários de qualquer natureza bem como a aplicação dessas atividades nas áreas assistencial e educacional considerando a imperiosa necessidade de identificação de todas estas atividades com as diretrizes rigorosamente espíritas. Quer-nos parecer que este cuidado será a mais eficiente medida para evitar posteriores dissensões. É claro não haverá sempre uma monótona uniformidade de opiniões. Todavia, num clima de troca de experiências, idéias discordantes poderão ser discutidas, analisadas e, levando-se sempre em conta o que está contido nos livros de Kardec, haveremos de chegar a um terreno neutro de entendimento e compreensão fraternal, muito longe de mágoas ou ressentimentos.

A ausência de um Departamento de Orientação Doutrinária poderá constituir-se numa perigosa invigilância, criando embaraços nas atividades de um modo geral, abrindo assim, campo para a discórdia entre os trabalhadores do centro espírita. Este departamento será, então, como que a sentinela permanente de modo que a Doutrina Espírita seja preservada em seus nobres princípios e garantida a pureza doutrinária. Aliás, tudo isto será muitíssimo facilitado se houver realmente o estudo e a compreensão do que Kardec expôs em seus livros, inclusive em suas judiciosas e ainda atuais ponderações da *Revista Espírita*, material que é muito pouco estudado no meio espírita brasileiro.

O Departamento de que ora nos ocupamos terá acima de tudo a preocupação com a qualidade (e nunca com a mera quantidade!) dos trabalhos do centro espírita. Embora a Doutrina, consoante as palavras do Codificador, sobretudo em *A Gênese*, tenha um caráter progressivo, será razoável evitar os modernismos, as novidades, que se apresentam com motivações renovadoras mas que se formos analisar com mais cuidado, sem prevenção nem precipitação, para logo notaremos serem frutos extemporâneos de um entusiasmo transitório de novidadeiros ou de espíritas exaltados, os quais, na abalizada opinião do

CENTRO ESPÍRITA: Diretrizes Básicas e Unificação   37

Codificador em *O Livro dos Médiuns* nos trazem mais malefícios do que benefícios.

Nunca demais recordar a advertência do Espírito Erasto no livro supracitado: É preferível a rejeição de nove verdades à aceitação de uma só mentira. Porque esta advertência nem sempre é levada em conta, acontecem fatos que dificultam a unificação do nosso movimento, como ainda veremos neste livro mais adiante.

É claro que aparecem boas idéias e sugestões dignas de atenção. Todavia, elas devem ser analisadas com critério pelo Departamento de Orientação Doutrinária e aproveitadas no centro desde que consideradas úteis ao próprio centro e ao movimento em geral.

Deve este departamento promover periodicamente uma avaliação dos trabalhos desenvolvidos no centro. Tal avaliação é um processo contínuo, dinâmico e objetivo, que permite o melhor acompanhamento das atividades planejadas a fim de que se verifiquem os resultados alcançados pelas diferentes reuniões e departamentos e se os objetivos foram atingidos. Esta conduta, que de modo algum deve gerar melindres nem despertar orgulho nem vaidade, fornece dados para saber se determinada reunião ou tarefa deve prosseguir no mesmo ritmo de trabalho ou se deve ser reformulada, senão totalmente, pelo menos em parte, tudo isto sem mania de perfeição. São de fato diferentes as atividades dos diferentes departamentos do centro e, por isso mesmo, cada qual terá, evidentemente, métodos, técnicas, elementos humanos e resultados diversificados. Num encontro periódico (por exemplo, mensal, bimestral, tudo de acordo com a realidade e as necessidades de cada grupo espírita) haverá troca de idéias, permuta de observações e apresentação de experiências numa análise geral tendo em vista sempre o aperfeiçoamento das diversas atividades. Mais uma vez voltamos a insistir na mesma tecla: o embasamento teórico destas atividades deve ser buscado nas obras de Kardec.

O Codificador nos deixou conceitos e métodos que deverão ser criteriosamente analisados para sua implantação. Às vezes, é natural surjam questões doutrinárias que envolvem controvérsias ou opiniões divergentes dentro das interpretações individuais de um ou de outro companheiro; neste caso, mais uma vez serão os livros de Allan Kardec o ponto comum de estudo, de análise e reflexão para que se atinja a solução consensual.

Sugerimos seja este Departamento de Orientação Doutrinária constituído de um ou dois representantes de cada atividade ou departamento do centro. Por questão de disciplina, o grupo indicará um Coordenador para condução do trabalho de modo que só será discutido assunto relacionado com os propósitos desse Departamento, com isto evitando-se a perda de tempo na apreciação de temas totalmente estranhos à reunião.

CENTRO ESPÍRITA: Diretrizes Básicas e Unificação 39

Devemos, em suma, considerar o Departamento de Orientação Doutrinária um órgão por excelência normativo mas com poder decisório.

Bem, para finalizar este capítulo onde se passou em revista o procedimento dos dirigentes espíritas, ousamos oferecer algumas sugestões oportunas para o melhor andamento das atividades do centro espírita. Bem entendido: são apenas meras sugestões porque cada centro espírita é um centro espírita, tem uma realidade a encarar e necessidades específicas a atender dentro das possibilidades humanas sendo recomendável a leitura da página do Espírito Irmão X (Humberto de Campos) no livro *Contos desta e doutra vida*, na psicografia de Chico Xavier, editado pela FEB, página (ou crônica) de título O Grupo Perfeito.

1ª) — PLANEJE AS ATIVIDADES — Juntamente com sua equipe decida o que fazer, fixe datas, prazos, distribua tarefas e busque aquela maneira mais eficiente de realizá-las. Toda tarefa planejada rende muito mais;

2ª) — ORGANIZE O TRABALHO — Atente para as obrigações legais da competência da sociedade espírita. Observe os Estatutos, siga os Regulamentos, as normas do centro. Utilize os recursos de que dispõe conjugando-os de forma eficaz. Exemplifique e estimule a pontualidade e a assiduidade em qualquer atividade. Valorize os arquivos;

3ª) — Não esqueça de realizar, nas datas previstas, todas as Assembléias Gerais Ordinárias e, eventualmente, as Extraordinárias previamente e amplamente anunciadas;

4ª) — COORDENE A SUA EQUIPE — Não deixe que as coisas andem sozinhas. Acompanhe a tarefa, oriente seus auxiliares, reúna-se periodicamente com eles a fim de analisar o trabalho. Sua presença será estimulante e prevenirá o surgimento de problemas perfeitamente evitáveis e aborrecidos;

5ª) — TREINE NOVOS COLABORADORES — Não aguarde trabalhadores já preparados. Entra aqui em cena a questão importantíssima dos sucessores, utilizando a força dos moços da instituição. Em volta de você, mesmo que o companheiro não seja mais jovem, seja um adulto ou mesmo pessoa de idade avançada mas ainda capaz de produzir algo de útil, existem outras pessoas que podem e querem, às vezes, cooperar. Descubra em cada uma delas quais são as reais possibilidades, os valores novos, considere as aptidões e as tendências pessoais, e, ensine a tarefa. Não "carregue a instituição nas costas" porque, além de ser sacrificial, caso você não possa executar uma ou outra atividade, por um impedimento qualquer (questão de doença, problema no seu labor profissional, forçosa mudança para outra cidade, eventualmente a sua desencarnação) — nem por isso o trabalho sofrerá solução de continuidade; diversas instituições cerraram suas portas exatamente porque seus dirigentes não tiveram esta preocupação prévia;

6ª) — DELEGUE PODERES — Não centralize nunca

CENTRO ESPÍRITA: Diretrizes Básicas e Unificação 41

tudo em suas mãos. Age assim o líder autocrático, para não dizermos tirânicos. Seja, ao contrário, um líder democrático. Quando contar com auxiliares competentes, não tenha receio em transferir-lhes encargos que antes eram por você exercidos. Assim, você ficará liberado para tarefas mais importantes e estará formando mais um dirigente e, talvez, quando de sua partida para o Mundo Espiritual, encontre o seu futuro substituto;

7ª) — MOTIVE SUA EQUIPE — Admita que todos são capazes de realizar o melhor. Nunca censure um trabalhador diante de terceiros. Seria humilhá-lo. Submeta os problemas comuns à apreciação do grupo. Obtenha soluções e idéias do grupo. Isso valoriza a equipe e estimula seu engajamento no trabalho. Uma equipe motivada e realizadora constitui a base segura para a ação dos Espíritos Superiores.

8ª) — AVALIE O TRABALHO — Evite admitir que "tudo está em perfeita ordem", sem cair, no entanto, nas malhas do perfeccionismo desesperador. O caso é que há sempre algo a melhorar. Reúna o grupo e verifique onde existem problemas ou dificuldades. Leve este grupo a descobrir soluções e caminhos novos para a ação espírita e trace novos planos. Avaliar para dinamizar sem exigir milagres da argila humana nem descambar para as exigências descabidas. Como diz o provérbio francês: "De petit à petit, l'oiseau fait son nid", ou seja, a pouco e pouco o passarinho faz seu ninho. Ou como dizemos em português mesmo: de grão em grão a galinha enche o papo.

Não padece dúvida de que planejar, organizar, coordenar, treinar, delegar, motivar, avaliar — são responsabilidades de todo dirigente espírita (e até mesmo não-espírita). Entretanto, não deve ser esquecido que tudo isso só terá sentido se a Doutrina dos Espíritos, a partir dessas atividades que se aprendem em Administração, puder ser estudada, divulgada e exemplificada melhor.

Atividades Doutrinárias

Páginas antes dissemos serem as atividades do centro espírita de diversas categorias como doutrinárias, administrativas, mediúnicas, assistenciais e outras. Claro que todas são de importância todavia deter-nos-emos neste livro nas doutrinárias.

Assim, no caso específico do setor da Doutrina pedimos permissão para sugerir o seguinte:

1) Elaborar e difundir todo o bom material doutrinário capaz de orientar as atividades em geral;

2) Estimular a apresentação da Doutrina Espírita para o público leigo;

3) Estimular de igual maneira a implantação de campanhas ou projetos em geral tendo em vista a dinamização dos serviços doutrinários do centro;

4) Estabelecer uma rede de comunicação entre os diversos grupos doutrinários da instituição, caso os haja. O ideal seria a existência de um único grupo; todavia,

às vezes, é tão elevado o número de trabalhadores, que se reúnem em horários diferentes, de acordo com as possibilidades de cada freqüentador na vida agitada que se leva hoje em dia, que não raro existem mesmo vários grupos e é nestes casos que o Departamento de Orientação Doutrinária comparece, como dissemos, estabelecendo o relacionamento, promovendo a comunicação entre esses grupos existentes no centro. Kardec, aliás, era de opinião de que seria preferível a existência de grupos menores à de grupos maiores porque nos menores se tornam mais íntimos os vínculos dos componentes, criando um clima de mais confraternização. O centro muito concorrido deve ter o cuidado de não vir a sofrer as conseqüências desagradáveis do gigantismo tornando o relacionamento não raro muito impessoal, os freqüentadores se tornam muito distantes, desconhecidos mesmo uns dos outros, fato muito comum nas grandes cidades e, certamente, ainda desconhecido nos centros espíritas da zona rural.

5) Em vista do que foi exposto no item anterior, sugerimos o estímulo à confraternização entre os grupos para que melhor se conheçam;

6) Elaborar, dentro de suas possibilidades, material de apoio para as atividades doutrinárias do centro espírita tais como apostilas, manuais, folhetos, cartazes e congêneres;

7) Promover periodicamente a realização de Encontros ou de Seminários para a obtenção de

CENTRO ESPÍRITA: Diretrizes Básicas e Unificação   45

consenso doutrinário bem como a reciclagem de todos os conhecimentos, de tais eventos participando os grupos de estudos, os grupos mediúnicos e outros que haja no centro;

8) Promover maior estabilidade, homogenização e eficácia nas práticas doutrinárias;

9) Estimular a troca de experiências e de conhecimentos em todos os aspectos relacionados com a Doutrina podendo até ser convidado algum confrade de experiência no assunto de outras casas espíritas para uma palestra sobre um determinado tema, seguida de debates com os assistentes; ou com a exibição de um filme, de um vídeo com posterior troca de idéias sobre aquilo a que se assistiu, no caso de que esta exibição seja possível no centro porque, sem dúvida temos de levar sempre em conta a realidade social que cerca o centro e que envolve os seus freqüentadores; cada centro espírita tem um público-alvo e devemos sempre estar atentos para as condições financeiras das pessoas que comparecem às nossas sessões; não se trata de fazer discriminação; o leitor entendeu o que os co-autores estão a expor; é não perder de vista as condições (repetimos) financeiras e mesmo intelectuais do ambiente em que o centro está inserido;

10) Evitar a todo transe a disseminação de práticas exóticas, misto de magia, de crendices e de superstições que nada têm a ver em absoluto com o Espiritismo;

11) Concorrer eficientemente para o total desaparecimento de qualquer forma de vedetismo, de personalismo de um indivíduo ou mesmo de um grupo no centro espírita (por extensão, nas instituições do sistema federativo nacional como União Municipal, Conselho Regional, Federação Estadual etc.) de modo que sempre se facilite e se estimule a prática sincera da verdadeira humildade e da renúncia (sem prejuízo da auto-estima equilibrada), qualidades que aos poucos haveremos de adquirir por serem necessárias não apenas ao nosso progresso moral como também para a estabilidade e bom andamento de todos os trabalhos coletivos;

12) Incentivar, orientar e organizar a realização de cursos para o Estudo Sistematizado da Doutrina Espírita, colocando estes cursos à disposição de todos os grupos (ou sejam, grupos de estudos, grupos mediúnicos, grupos de pessoas que se iniciam no centro, grupos de moços etc.) como subsídio de fundamental importância aos trabalhos que venham a ser desenvolvidos pelos grupos, não sendo necessário dizer que tudo isto deva ser feito num clima de fraternidade, de calor humano, de camaradagem respeitosa sem qualquer forma de discriminação sempre nefasta à nossa evolução moral e espiritual;

13) Evitar a todo transe o desvirtuamento da Doutrina dos Espíritos por força de interpretações individualistas no campo aborrecido do chamado achismo com o lamentável desprezo e

CENTRO ESPÍRITA: Diretrizes Básicas e Unificação   47

desconhecimento dos postulados simples e claros do Espiritismo como no-lo codificou Allan Kardec;

14) Afinar a área doutrinária para que se estabeleça uma sintonia cada vez mais perfeita com as forças espirituais que zelam pelo movimento espírita visando ao processo de melhoria da Humanidade em geral.

Linhas acima fizemos menção a grupos de estudos, a grupos mediúnicos e até a grupos de moços. Dentro da realidade de cada centro espírita estes grupos podem e devem ser criados e mantidos para o melhor andamento das atividades da instituição. Tendo em vista justamente isto, os co-autores apresentarão a seguir algumas sugestões neste sentido. Vejamos:

I — GRUPOS DE ESTUDOS

Não é proposta espírita a formação de técnicos em Espiritismo, a diplomação de alunos de Doutrina Espírita. Semelhante deturpação das finalidades e dos objetivos do centro espírita fatalmente levar-nos-ia a um deplorável elitismo de todo indesejável e nefasto. Não é isto o que os co-autores propõem absolutamente. Apenas convidam à formação de grupos fraternos onde, repetindo, em clima de fraternidade, de calor humano, de camaradagem respeitosa, de ajuda mútua, se reúnem as pessoas de ambos os sexos vivamente interessadas em adquirir e/ou ampliar os conhecimentos doutrinários até para melhor vivenciá-

48 Celso Martins e Rubens Braga

los no dia-a-dia dentro e fora do centro espírita.

Sendo assim, semelhantes grupos farão estudos para focalizar as obras da Codificação Kardequiana, podendo ser utilizados como recursos auxiliares as obras complementares, os livros subsidiários de origem mediúnica ou de autores encarnados (escusado dizer os trabalhos realmente confiáveis por sua fidelidade a Kardec) sem descurar da atenção aos clássicos como Léon Denis, Gabriel Delanne, Ernesto Bozzano, Camille Flammarion dentre os mais citados nem esquecer da contribuição trazida pelas apostilas e manuais aprovados pelo movimento espírita nacional porque elaborados por confrades desejosos da difusão do pensamento fiel do Espiritismo como no-lo codificou o Mestre lionês Allan Kardec.

Nestes grupos de estudos não haverá manifestações mediúnicas e cada reunião deverá ser realizada no tempo máximo de uma hora e trinta minutos para que não se torne cansativa, comprometendo o bom rendimento dos trabalhos. Poderão ser analisadas as possibilidades ou as conveniências da implantação no centro espírita de alguns cursos onde seriam desenvolvidos programas voltados para temas como por exemplo iniciação ao estudo do Espiritismo (sobretudo para os que se iniciam na instituição), mediunidade, cursos para entrevistadores, para expositores, para evangelizadores, para dirigentes de mocidades, para dirigentes da evangelização infantil, cursos para a

CENTRO ESPÍRITA: Diretrizes Básicas e Unificação 49

formação de médiuns passistas (durante os quais seria mostrada a maneira simples mas sincera e eficiente da imposição das mãos, sem os complicados malabarismos criados por alguns confrades que não atentaram ainda para o ensino contido nas obras de Kardec, inclusive na *Revista Espírita*, cujo estudo é rarissimamente feito em nosso meio), prática do estudo do Espiritismo no lar (ou, como se costuma dizer em nosso meio, o culto do evangelho no lar), seminário sobre assistência espiritual, organização da biblioteca, do serviço de venda de livros, da instalação de um clube de livros ou de vídeos contendo palestras espíritas, até mesmo cursos de Esperanto para os interessados no ideal de fraternidade e de enriquecimento cultural propiciado pelo idioma criado pelo médico polonês Zamenhof etc.

II — GRUPOS MEDIÚNICOS

No começo deste capítulo separamos as atividades doutrinárias das mediúnicas apenas por uma questão didática na análise dos assuntos. Entretanto, como a prática mediúnica obrigatoriamente pede do médium (ou do candidato ao intercâmbio com o mundo invisível) um razoável conhecimento doutrinário, como aliás preconizava o próprio Codificador em O Livro dos Médiuns, aqui trocaremos idéias sobre estes grupos fornecendo sugestões em cima da experiência na militância espírita ao longo dos anos. Ei-las, então.

Os integrantes dos grupos mediúnicos deverão passar em caráter por assim dizer obrigatório (porque altamente necessário) pelos cursos e programas dos grupos de estudos. Antes de atirar-se à prática mediúnica, convém repetir a orientação basilar de Kardec, há de se ter um conhecimento teórico do Espiritismo. Não se leva um estudante de Química, por exemplo, para um laboratório sem que ele conheça o instrumental nem os reagentes com que irá lidar, sob o risco de ele vir a sofrer acidentes graves.

Nestes cursos e programas visamos a fornecer ao candidato ao mediunato uma bagagem cultural mínima a fim de que não se torne um médium e nada mais que isto. Não. Desejamos que se faça um médium espírita, equivale dizer, um médium útil, responsável, devidamente orientado e consciente de suas responsabilidades e seus deveres humanísticos. O objetivo da freqüência aos cursos dos grupos de estudos é a preparação de pessoas tanto cultural como teoricamente para quando a sua capacidade mediúnica, se for o caso, se expressar, seja veículo de luz e verdade, sem aqueles períodos difíceis e angustiantes que costumam envolver médiuns sem preparo íntimo, moral e doutrinário.

Em vista dos objetivos a que se propõem os responsáveis dos trabalhos dos grupos mediúnicos, nestes não será permitida a presença de público a fim de que se preserve o método de Kardec a respeito das reuniões privativas, ou por outra, evitando-se a quebra da necessária disciplina. É nosso dever apagar do movimento espírita nacional a imagem de

CENTRO ESPÍRITA: Diretrizes Básicas e Unificação 51

"espetáculo mediúnico". Mediunidade não é passatempo nem ocasião para tratar de assuntos materiais. Mediunidade é assunto sério e assunto sério tem de ser tratado com a máxima seriedade. Assim, estes grupos terão um coordenador com a responsabilidade de dirigir a reunião, evitando-se o título de "doutrinador" por não refletir a verdadeira competência do responsável. E estas reuniões não deverão ultrapassar o tempo de uma hora e trinta minutos para evitar a fadiga e o desinteresse, a desatenção.

III — REUNIÕES PÚBLICAS

Elas têm o objetivo de atendimento ao público em geral, reservando-se por isso mesmo a maior parte do tempo para a exposição evangélico-doutrinária e uma pequena parte dedicada a entrevistas no chamado atendimento fraterno e aos processos de fluidoterapia, ou seja, a administração de passes mediante a imposição das mãos conforme ensinou e exemplificou Jesus e nos orientam as obras de Allan Kardec.

A característica das reuniões, aliás tradicionais em nosso movimento, será fundamentalmente a de assistência espiritual em benefício dos freqüentadores do centro espírita. A aproximação das pessoas ao Espiritismo será de preferência através destas reuniões públicas a fim de que se estabeleçam os primeiros contatos com a Doutrina dos Espíritos; após um período de freqüência a estas reuniões, as pessoas serão convidadas a participar dos grupos de estudos a fim de aprofundamento do conhecimento doutrinário. Já a participação nos grupos mediúnicos somente ocorrerá após a freqüência inicial das reuniões públicas e posteriormente aos grupos de estudos. Não estão os co-autores deste livro burocratizando o mecanismo nem fazendo discriminações, estimulando elitismo. Não. Apenas é sugestão de caráter didático a fim de que o freqüentador possa a pouco e pouco ir conhecendo melhor a Doutrina Espírita em seus fundamentos e em sua prática mediúnica. Este critério sugerido, com base na experiência de longa militância espírita, torna-se necessário porque em qualquer setor de trabalho a ausência de estudos sistematizados significa simplesmente estagnação.

As pessoas sofredoras bem como a infância e a mocidade merecem atenção dos dirigentes do centro espírita, razão pela qual estes assuntos serão tratados no capítulo que se segue.

Abrindo as Portas do Coração

Há uma consoladora passagem evangélica na qual Jesus amorosamente convida *o vinde a mim todos vós que estais cansados e oprimidos que eu vos aliviarei.* Encontramos esta exortação reconfortadora exatamente em Mateus, cap. 11 versículo 28. Nos dias modernos, neste início do século XXI, a despeito de todo o avanço tecnológico nos meios de transporte e de comunicações, a Humanidade ainda sofre e sofre muito de modo que o centro espírita renova com amor o convite generoso de Jesus. O confrade Martins Peralva, no livro editado pela FEB de título *Estudando a Mediunidade,* chega a declarar, dentre outras palavras, as seguintes: o centro espírita é, para todos os desencantados, o refúgio e a consolação. É o oásis de paz e esperança onde esperam encontrar Jesus de braços abertos, para a doce e suave comunhão da fraternidade e da alegria.

Em face disto, alvitramos por bem analisar embora

54 Celso Martins e Rubens Braga

que ligeiramente o que podemos fazer em favor dos que sofrem e em benefício da infância e da mocidade. Vejamos algumas sugestões, algumas diretrizes básicas, sem nenhuma pretensão de ditar normas ou fixar regras rígidas mas oferecer subsídios em função de alguma militância no movimento espírita nacional.

I — ATENDIMENTO FRATERNO

Em existindo condições e recursos humanos, o centro espírita poderá adotar as atividades de um serviço de atendimento fraterno já existindo na literatura espírita livros sobre o seu funcionamento. Este serviço deve ser oferecido ao público em geral em horário estabelecido pelo Departamento de Orientação Doutrinária. Trata-se, na verdade, de um atendimento de emergência, de modo que, dentro do possível, deve funcionar também durante o dia numa espécie de rodízio dos voluntários devidamente habilitados para este socorro. Por isso mesmo, não substitui as reuniões de estudos evangélico-doutrinários onde, por assim dizer, será feito o tratamento ambulatorial de natureza mais profundo, passada a emergência do caso.

Percebe-se sem dificuldade que muitas criaturas buscam neste atendimento, além de uma palavra de consolo e de elucidação de suas dúvidas, também, os benefícios do passe. Não lhes será negado, é claro, este auxílio. No entanto, as referidas pessoas serão orientadas a freqüentar as reuniões de estudos também.

CENTRO ESPÍRITA: Diretrizes Básicas e Unificação 55

Por isso é que cada pessoa que procura este atendimento de emergência, tendo passado por uma rápida e atenciosa entrevista para a real constatação da sua necessidade (às vezes é um caso que exige o concurso da Medicina da Terra, o apoio de um psicólogo, de um psiquiatra, outras vezes o encaminhamento paralelo a um dos muitos grupos do tipo dos alcoólicos anônimos, dos dependentes químicos anônimos, dos neuróticos anônimos, e estes grupos têm contribuído muito para a cura ou, pelo menos, alívio de muitos males) — aquele companheiro em dificuldades poderá ser encaminhado para as reuniões tradicionais de estudos (conforme já dito antes) e, no caso de crianças e jovens, para as aulas de evangelização infantil e para as reuniões da mocidade espírita.

Eventualmente no serviço de atendimento fraterno poderá ser aplicado o passe, a critério da pessoa que estiver fazendo a entrevista, com isto se substituindo o tradicional "plantão de passes" que, a bem da verdade, se trouxe ou traz ainda benefícios, passou a ser em muitos casos mera reunião rotineira, fugindo da finalidade precípua do pronto socorro espiritual.

Pesa-nos dizer que em muitas ocasiões pessoas do sexo feminino procuravam ou ainda procuram o referido plantão de passes durante o dia por não terem a permissão dos maridos (até onde chegou a situação infelizmente real) para as reuniões noturnas do centro espírita! Poderá algum leitor ficar pasmado diante deste texto mas, repetimos, isto aconteceu e ainda acontece. Outras pessoas temem a onda de violência e evitam sair de casa durante a noite, outra realidade que não podemos ignorar ainda existente em nossos dias. Até oradores se negam a proferir palestras à noite ou então em bairros afastados da cidade grande! Sem nenhum julgamento maldoso, a nosso ver é falta de fé em Deus, é falta de confiança no que está se fazendo. Mas infelizmente estas coisas acontecem por aí!

Voltando ao caso de senhoras que vão ao centro de dia porque os esposos proíbem-nas de fazê-lo à noite, diremos que os voluntários do serviço de atendimento fraterno devem esclarecê-las que o centro espírita não pode de modo nenhum ser conivente com este tipo de traição conjugal entre aspas. Seus cônjuges devem ser esclarecidos que já passou o tempo em que a mulher não tinha voz nem vez. Foi-se a época em que o marido era o dono da família, o proprietário da mulher e dos filhos. O marido deve ser amado e não temido! Deve ter autoridade moral em decorrência de sua conduta dentro e fora do lar; e não mandar com autoritarismo; e não ser um déspota doméstico não permitindo que a mulher compareça a um recinto onde se estudam as leis de Deus. Que ele vá até lá e veja com os seus próprios olhos o que ali acontece. Perceberá, se não for pessoa preconceituosa, que ele mesmo ali será também beneficiado. Pelo menos mudará de comportamento machista, que não mais tem cabimento nos dias atuais, se é que em algum dia do passado isto tivesse cabimento!

CENTRO ESPÍRITA: Diretrizes Básicas e Unificação 57

Finalizando, diríamos que a Medicina Psicossomática vem demonstrando que a maioria das doenças da atualidade, naturalmente com exclusão das decorrentes da miséria material e das precárias condições de saneamento básico na mais vasta extensão populacional da Terra por razões políticas e econômicas, são estas doenças resultantes do sentimento de culpa ou de mágoa. E é justamente aí que o atendimento fraterno conforta, consola, orienta renovando o convite de Jesus: Vinde a mim todos vós que estais cansados e oprimidos que eu vos aliviarei. Há casos em que a criatura apenas deseja um par de ouvidos que ouçam as suas mais pungentes angústias e ela não tem um ombro amigo, não vê uma sincera mão estendida em seu socorro. Nestes lances muito comuns hoje em dia o atendimento fraterno nos mostra como o Espiritismo é, na promessa de Jesus, o Consolador. O voluntário deste serviço há de fazer ao outro tudo quanto desejaria que o outro lhe fizesse, caso o voluntário estivesse em igual circunstância. Nesta hora é que se destaca o valor de uma palavra amiga, de um abraço afetuoso evitando que alguém entre em depressão nem, nos casos mais extremos, apele para a enganosa solução do suicídio.

II — ATENDIMENTO INFANTO-JUVENIL

É elevado o contingente de crianças e de jovens em nossa população. Deve o centro espírita abrir espaço para os elementos desta faixa etária. Como os interesses dos moços e dos menorezinhos são diversos dos dos adultos, conforme aprendemos em Psicologia sobretudo Diferencial, o centro espírita, em havendo condições e elementos humanos, deverá realizar a evangelização infantil e estimular a existência de uma mocidade espírita. Vejamos a matéria com mais vagar.

A) Evangelização Infantil

O trabalho com a infância não deve ficar restrito às aulas semanais. Repetindo, em existindo possibilidades, deve ser buscada uma filosofia e uma metodologia de atuação, de igual modo deve ser utilizada pelo centro espírita junto aos menorezinhos nas suas diferentes necessidades próprias da idade. Como se trata de uma área específica, onde não pode prevalecer o amadorismo, há de se contar com uma professora do 1º grau ou de alguém ligado à Psicologia Infantil ou mesmo ao Serviço Social no sentido de que se reúnem publicações (livros, revistas, manuais, apostilas) de natureza técnica voltada para a educação infantil, objetivando identificar conceitos e técnicas que permitem à criança, no seu mundo de vivência, diferente do mundo do adulto e do jovem também, conhecer e analisar criticamente a si mesma e o mundo que a rodeia considerando-se sempre que a verdadeira educação é aquela que age de dentro para fora.

Aliás, a palavra educação provém do latim educere, que significa extrair, tirar, desenvolver. Educação se liga muito intimamente ao processo ensino-

CENTRO ESPÍRITA: Diretrizes Básicas e Unificação 59

aprendizagem e neste terreno cabe bem a frase do pedagogo Pestalozzi quando dizia que a aprendizagem para ser EFETIVA tem de ser antes de tudo AFETIVA. Este mesmo educador suíço, com quem Kardec, adolescente, estudou e dele se fez discípulo, tem outra frase básica que se enquadra neste contexto. Ei-la: O Amor é o fundamento eterno da Educação.

Os trabalhos desse setor relacionados com a criança devem ter no Espiritismo o seu ponto de apoio. A visão do mundo que o Espiritismo traz e, em especial, as suas aplicações morais na vida social, devem ser levadas à criança com didática própria, de acordo com a sua faixa etária e as condições sócio-econômicas. Por isso mesmo, dentro do possível, estas tarefas voltadas para a petizada não serão atribuição única e exclusiva dos elementos a isto ligados. Não. Devem contar com a participação e o apoio dos diversos dirigentes de outros setores do centro. A criança é de responsabilidade do movimento espírita como um todo. Se na atualidade vemos tantos delitos e tantos atos violentos praticados pelos jovens, não podemos deixar de reconhecer que isto é apenas o fruto do abandono em que deixamos as crianças ao longo dos anos passados com a propaganda da violência nos jornais, nas revistas, nos esportes, nos filmes, nos programas de rádio e sobretudo de televisão.

São do Espírito Emmanuel, pelo lápis psicográfico de Chico Xavier, estas ponderações: "Cada criança que surge é o nosso companheiro de luta, na mesma experiência e no mesmo plano, enquanto encarnados, cabendo-nos a obrigação de oferecermos a ele condições melhores do que aquelas em que fomos recebidos, a fim de que se constitua nosso continuador sobre a Terra melhor a que retornaremos mais tarde". (Fonte: livro *Encontros no Tempo*, publicação do Instituto de Difusão Espírita). Numa época em que a família sofre profundas transformações e o filho de um modo geral é mais pertencente à sociedade externa, anônima e massificadora, toda atenção dada à infância no centro espírita será pouca para a edificação de uma Humanidade realmente mais feliz!

Quem fala na criança, pensa no jovem; então, vejamo-lo a seguir.

B) Mocidade Espírita

No centro espírita a Mocidade é um departamento. Começamos assim porque houve no século passado Mocidades independentes. Inclusive entre 17 e 23 de julho de 1948, na cidade do Rio de Janeiro, na época Capital Federal, com a participação de muitos moços, sob a liderança de vários vultos como Lins de Vasconcelos e sobretudo Leopoldo Machado, teve lugar o I Congresso de Mocidades e Juventudes Espíritas do Brasil, no Teatro João Caetano, até hoje existente na Praça Tiradentes, em pleno coração da Cidade Maravilhosa.

Bem, atualmente a Mocidade Espírita é um departamento do centro. E, como tal, será constituído

CENTRO ESPÍRITA: Diretrizes Básicas e Unificação 61

de jovens de ambos os sexos com o objetivo de promover a integração dos adolescentes com a equipe em fase de madureza, mediante atividades culturais e assistenciais, de modo que haja uma integração perfeita e efetiva entre os moços e os mais velhos, entre os jovens e os veteranos do referido centro espírita.

Não haverá número limitado de participantes, tendo-se apenas o cuidado de respeitar a faixa etária, compreendida naturalmente entre 15 e 25 anos (o que não exclui a presença em suas reuniões de pessoas de mais idade); mas a reunião é dos jovens.

As Mocidades Espíritas começaram nos anos 30 do século XX. O co-autor Celso Martins fez parte da terceira, por ordem de instalação no Brasil; participou, quando moço, entre 1960 e 1966, na Mocidade Espírita de Iguaçu, criada em 1936 e reativada por Leopoldo Machado em 1942. Bem, nela havia a figura de um mentor, ou seja, de uma pessoa de certa idade, eleita anualmente com a Diretoria da Mocidade, para orientar os moços em suas sessões aos sábados das 18 às 19 h 30 min, num admirável entrosamento com a Diretoria do Centro Espírita Fé, Esperança e Caridade, de Nova Iguaçu (RJ). Modernamente, sendo a Mocidade um departamento do centro, não mais existe esta figura do mentor, substituída (se já houver suficiência para tanto) pela experiência que os próprios jovens conquistaram, o que não invalida a orientação do responsável pelo Departamento de Mocidade. Para isto, no entanto, este responsável deve saber lidar com os moços dentro do que se aprende em Psicologia Educacional no domínio da juventude, da adolescência em geral. Com estas palavras queremos dizer que a Mocidade não prescindirá nunca do concurso de companheiros de maior vivência no movimento espírita, sem estabelecer vínculos hierárquicos. E que os adultos entendam e amem os ainda jovens.

O Departamento de Orientação Doutrinária deverá elaborar um programa básico de estudo em comum acordo com os jovens a fim de que as reuniões da Mocidade tenham também estudo doutrinário além de outras atividades artísticas e mesmo de colaboração aos trabalhos de assistência social do centro. Tudo isto, vale relembrar, dentro das possibilidades dos moços porque eles atravessam uma fase na existência material em que terão seus momentos de lazer, de estudos, de atividade profissional e precisam firmar-se e afirmar-se na vida, devendo contar com o apoio e o entendimentos dos mais velhos, dos chamados veteranos do centro e mesmo do movimento espírita. E jamais esquecer que é da Mocidade que sairão os nossos sucessores tanto no centro como no meio espírita, ou melhor dito, no movimento em geral.

Finalizando, não perder de vista que Kardec, quando da Codificação do Espiritismo, valeu-se da mediunidade de diversas moças como Carolina e Júlia Baudin, como Ermance Dufaux e Alina Carlotti. Por seu turno, William Crookes fez as famosas experiências de materialização de Katie King com a mediunidade de efeitos físicos de Florence Cook. Mais ainda, Paulo de Tarso teve jovens como seus seguidores na figura de Timóteo, de Tito, de Filemon; e até Jesus não deixou de contar com a presença de um adolescente em seu colégio apostólico na figura de João, o Evangelista.

O Pão do Corpo e o Pão do Espírito

No admirável sumário que Kardec colocou na introdução ao estudo da Doutrina Espírita, em *O Livro dos Espíritos*, aprendemos que o homem tem uma natureza material por ser dotado de um corpo análogo ao corpo dos animais; e tem uma natureza espiritual por ser em sua essência mais profunda um ser imortal. Bem, daí se depreende que, como dizia Jesus, devemos dar a César o que é de César e a Deus o que é de Deus. Ou por outras palavras, o centro espírita há de atender ao espírito e há de atender, se for o caso e tenha a casa espírita condições para isto, ao corpo também dos mais carecentes de recursos materiais.

O pão do corpo na forma de sacola básica de mantimentos, de remédios doados sob rigorosa prescrição médica, de calçados e de vestes e coisas do gênero constitui a chamada ação assistencial espírita. Sem que tiremos os pés do solo sobre o qual pisamos, com facilidade percebemos existir um intenso trabalho na área da assistência material, o que exige uma boa estrutura por parte do centro espírita paralelamente a muito amor no coração da parte dos que realizam este trabalho benemerente. Vejamos algo sobre este setor de atividades no centro.

I — SERVIÇO ASSISTENCIAL ESPÍRITA

Naturalmente este Departamento de Assistência Material ou Social terá seus princípios básicos destinados a orientar as referidas atividades de socorro aos mais carecentes (a criança desvalida, a infância abandonada, a velhice sem recursos, os eventuais desempregados, os doentes sem remédios) mediante também, quando possível, o atendimento médico-hospitalar, o atendimento odontológico, a orientação das grávidas em especial as adolescentes em estado de gestação etc.

Tais trabalhos envolvem recursos financeiros e elementos humanos voluntários (às vezes até deverá a casa espírita contratar serviço de profissionais na área da saúde a fim de que a Caridade Material seja realizada a contento) sem paternalismo mas acima de tudo procurando promover a criatura humana, dando-lhe o anzol para que ela pesque e, assim, tenha sua auto-estima levantada e venha a ser um cidadão com todos os direitos que a Constituição Federal confere a cada brasileiro ou estrangeiro que viva sob os céus do Brasil. Sabemos que pagamos impostos diretos e os indiretos também, que deveriam ser revertidos em favor do povo

CENTRO ESPÍRITA: Diretrizes Básicas e Unificação   67

em geral, o que não se dá por egoísmo de dirigentes insensíveis. É uma realidade que não ousamos negar por ser por demais evidente. Mas diante desta negligência oficial, ao lado da cobrança que devemos fazer das autoridades constituídas, demos o nosso quinhão de solidariedade humana. Aliás, de há muito que a família espírita brasileira a duras provas isto faz sem esperar gratidão ou recompensas futuras.

O centro espírita através deste Departamento Assistencial poderá trocar experiências com outros grupos da mesma cidade ou de outras regiões bem como assinar convênios com empresários ou com órgãos governamentais sem abrir mão do título de ESPÍRITA de seus nomes nem ficar na dependência do jogo espúrio da política-partidária em qualquer nível (municipal, estadual ou federal). Essa troca de experiência terá como objetivo o aperfeiçoamento do sistema. O Departamento Assistencial deverá sempre estudar com o Departamento de Orientação Doutrinária a melhor maneira de desenvolver o trabalho em respeito às diretrizes doutrinárias do centro.

Mostra-nos a experiência diária que, ao lado da carência material, há a espiritual, a afetiva também; assim, haja espaço para que se possam oferecer aos necessitados orientações de vida tanto de ordem higiênica como de natureza espiritual segundo a filosofia espírita. É o fornecimento do pão espiritual ao lado do pão material. Evidentemente que não deve aí existir nenhum sentido de catequese, de conversão, de doutrinação, de imposição de nossos pontos-de-vista, mas o desejo fraterno de mostrar opções para a escolha de um modelo de vida visando sempre ao bem-estar de todos.

Claro que é sempre benvindo o pão material amparando aquele que dele realmente esteja necessitando. Contudo, não percamos de vista a necessidade de doar de igual modo o pão do espírito a pessoas que não pedem auxílio material mas estão precisando de uma orientação segura e que poderá ser conseguida com a leitura e a meditação de livros espíritas. É o outro lado da moeda da doação fraternal. Neste caso, analisemos algo sobre a biblioteca, acerca da livraria e em torno do clube e mesmo da feira do livro espírita.

II — O LIVRO ESPÍRITA

Cremos desnecessário fazer a apologia do livro espírita para destacar a sua importância. Ela existe por si mesma; é evidente. Podemos comprá-lo numa livraria fora ou dentro do centro. Podemos tomá-lo emprestado na biblioteca. Ou recebê-lo mensalmente mediante pagamento de módica mensalidade associando-nos a um clube do livro espírita. Não será por falta de lugar onde encontrá-lo que não haveremos de lê-lo e meditar em seus ensinamentos.

A biblioteca já disse alguém é uma farmácia com remédios para os mais diversos males. Seu valor significativo salta às vistas de forma patente,

CENTRO ESPÍRITA: Diretrizes Básicas e Unificação   69

dispensando os co-autores deste livro escrever mais linhas sobre ela. Nos livros reside a base do conhecimento do Espiritismo e na biblioteca temos um ponto de expansão do próprio livro de vez que ela o coloca nas mãos das criaturas interessadas de maneira fácil e menos onerosa.

Não há conhecimento espírita sem livro espírita. Por isso mesmo, os cursos regulares de Espiritismo encontram na biblioteca bem montada um prestimoso auxiliar para pesquisa tanto por parte dos alunos (entre aspas porque não há professores em termos de Espiritismo, como se ressaltou antes) como para os expositores. Bem, é muito comum e mesmo natural que os freqüentadores das casas espíritas descubram os tesouros da farta e variada literatura espírita. E na ânsia incontida de absorver os benefícios dessa literatura que esclarece e consola, começam a ler os livros sem qualquer discernimento, sem saber como separar o joio do trigo. Por isso mesmo, há necessidade de um trabalho de seleção na literatura posta à disposição dos freqüentadores. Esta seleção deve ser feita pelos elementos integrantes do Departamento de Orientação Doutrinária dando incentivo, dando estímulo à leitura e ao estudo (não basta ler, é preciso estudar) das obras reconhecidamente espíritas, em benefício do público, considerando-se a faixa etária e o nível cultural e sócio-econômico dos inúmeros leitores.

Entre os freqüentadores de um centro espírita estão

as pessoas extremamente angustiadas e aquelas que já foram de certa forma aliviadas pela ação do Consolador Prometido — ou seja, o Espiritismo. E manifestam o desejo de ampliar os seus conhecimentos nos princípios da Terceira Revelação. Por este motivo, o clube do livro distribui mediante contribuições mensais módicas, a livraria e mesmo a feira vende, em geral com descontos em grandes promoções e a biblioteca empresta aos filiados obras novas ou antigas. Desnecessário dizer, ou repetir, já repetindo, da vigilância dos dirigentes dos centros, das livrarias, dos clubes de leitura espírita na escolha dos títulos que ficarão à disposição do público.

Com semelhantes observações, os co-autores não estão de modo nenhum sugerindo a implantação no movimento de uma espécie de índice de livros proibidos, como durante alguns anos já ultrapassados a Igreja Católica instituiu, nele incluindo os livros espíritas naturalmente. Não e não! Apenas não deixando que se compre gato por lebre.

É certo de que Paulo de Tarso aconselhava a leitura de tudo com a retenção apenas do que fosse bom. E a legislação brasileira não impede a manifestação do pensamento. Porém, o iniciante, nem sempre ainda muito conhecedor das obras de Kardec, poderá comprar e ler um ou outro livro que não veicula os postulados espíritas como eles realmente o são. Apenas ali está a opinião pessoal deste ou daquele autor encarnado ou desencarnado. E esta opinião não

CENTRO ESPÍRITA: Diretrizes Básicas e Unificação 71

encontra respaldo em Kardec. Há casos em que é uma tese espiritualista mas de caráter de outras correntes do Espiritualismo sem as características do Espiritismo, conforme se ressaltou no capítulo inicial deste nosso livro. Quem quer que conheça realmente as obras de Kardec percebe o choque de princípios. Mas quem não conheça ainda, poderá ficar confuso ou então assimilar como noção espírita algo que não é positivamente espírita.

O co-autor Celso Martins é de opinião de que estes livros que dão margem a discussões, que levam a dupla interpretação e que até dificultaram a unificação do movimento espírita nacional (o que ainda veremos páginas adiante) poderão estar numa biblioteca espírita; mas a eles só teria acesso quem já tivesse o conhecimento básico de Kardec para separar o que é Espiritismo daquilo que não o é. Não se trata de ortodoxia nem de intolerância. Nada disto; apenas o dever que todos temos de preservar a pureza doutrinária do Espiritismo.

Finalizando, diremos que além da divulgação do Espiritismo pelo livro, há também esta difusão pelos jornais, pelas revistas, pelos boletins, por muitos programas de rádio e de televisão e até mesmo por meio da Internet, cabendo a cada pessoa o dever de passar pelo crivo da razão, do bom-senso, da lógica e acima de tudo — passar pela pedra de toque que sempre são e serão os livros de Kardec, neste se incluindo a *Revista Espírita*, conforme repetidas vezes se alertou neste livro.

O Evangelho no Lar

Podemos de certa forma complementar o que se estuda no centro espírita e o que se aprende nas obras doutrinárias com a prática do chamado culto do Evangelho no lar, uma recomendação de muitos Espíritos por meio de médiuns sérios, dignos, logo, confiáveis. Semelhante prática nada tem de carolice nem de fanatismo; ao contrário, enseja às famílias a oportunidade de encontro de seus membros, na intimidade doméstica, com o estudo e a meditação do Evangelho à luz do Espiritismo. O co-autor Celso Martins é até de parecer deva o título ser Estudo do Evangelho no Lar, e não culto. Bem, sua opinião pessoal, sinceramente já exposta em outros livros e em jornais e palestras públicas. Coisa irrelevante, talvez questão de lana caprina.

O que é de se ressaltar são os benefícios que isso acarreta:

1º) — Permite uma compreensão ampla dos

ensinamentos de Jesus e a prática edificante da Boa Nova nos ambientes em que vivemos além de uma ampliação dos nossos conhecimentos acerca do Evangelho, suas parábolas, seus mandamentos, seus exemplos, o que oferece mais segurança para o nosso procedimento diário onde quer que estejamos e mais segurança também na hora em que iremos oferecer os fundamentos do mesmo Evangelho a quem nos vier a formular pedido de orientação ou consolo;

2°) — Os elementos humanos unidos por laços consangüíneos compreenderão de igual modo a necessidade de uma vida harmoniosa e, dentro de suas possibilidades, a pouco e pouco buscarão superar possíveis barreiras, desentendimentos e desajustes porventura existentes entre pais e filhos, entre marido e mulher, entre irmãos;

3°) — Se porventura tendências negativas aflorarem apesar da orientação dada desde a infância, sobretudo pelo exemplo, encontrarão os filhos elementos morais seguros para superar estas tendências inferiores porque os ensinamentos de Jesus já estariam entrando no imo de seus corações fazendo-os mais fortes, dando-lhes um sólido alicerce para sua edificação moral e conseqüente correção e posterior alegria interna;

4°) — *O Evangelho segundo o Espiritismo* lido, comentado, meditado sempre será um eficiente meio de se aprender a viver também em família na mútua compreensão do semelhante porque passamos a nos

CENTRO ESPÍRITA: Diretrizes Básicas e Unificação 75

ver como aquilo que realmente somos — Espíritos em processo de evolução a nós cabendo a tarefa intransferível de amar e perdoar entendendo melhor os revezes da vida e da própria Humanidade;

5º) — Sendo estes benefícios de ordem individual e coletiva oriundos desta prática eminentemente moralizadora, daí surgem a renovação dos nossos hábitos, a fiscalização de nossos pensamentos e impulsos, a elevação de nossos sentimentos porque é este o nosso compromisso que assumimos, com nós mesmos, com a nossa própria consciência, renovando este compromisso semanalmente neste encontro feito em nome de Jesus.

Bem, levando-se em conta estes benefícios, o centro espírita deverá constituir grupos pequenos com a finalidade de visitar as famílias que queiram instalar esta prática em seus lares porque, na verdade, há famílias que sentem uma certa dificuldade e mesmo inibição para implantar esta modalidade de reunião em casa, muito embora tenham o sincero desejo de fazê-lo e já praticam o Bem entre seus parentes, familiares e mesmo conhecidos e vizinhos mais achegados.

Seria até de bom alvitre lá uma vez por outra os expositores e dirigentes das casas espíritas, nas palestras, nos estudos do centro, fizessem referência a este assunto e explicando a maneira pela qual isto pode ser executado.

Os lares visitados pela pequena equipe que irá

orientar a instalação do Evangelho no Lar não deverão preocupar-se com os hábitos convencionais oferecendo café, chá, bolos etc. Os integrantes da equipe de visitadores na primeira visita, com delicadeza e tato, explicarão que a recusa não é uma descortesia, mas apenas uma desnecessidade tendo-se em vista que há lares cujas famílias estão em dificuldades financeiras tão graves que isto acarretaria para elas uma despesa onerosa, além do fato de a dona da casa ter de assumir o compromisso de preparar este lanche social.

Por outro lado, a equipe de visitadores não há de ficar desanimada ou desapontada se nem todos os membros de uma família quiserem participar desta reunião. Reunamo-nos com os que de livre e espontânea vontade desejarem sem impor nada a ninguém, muito embora em pensamentos possamos envolver a todos indistintamente lembrando-se do sempre atual ensino consolador de Jesus: "Onde quer que houver duas ou mais pessoas unidas em meu nome, eu estarei com elas". Isto consta do Evangelho segundo S. Mateus, capítulo 18 versículo 20.

Finalmente, muitos livros têm explicações sobre a realização deste Culto do Evangelho no Lar. Muitas editoras espalharam prospectos avulsos contendo estas orientações; assim, o centro espírita poderá providenciar a distribuição destes volantes entre os interessados no assunto.

As terapias alternativas

Diante do sofrimento humano, a despeito do estupendo desenvolvimento tecnológico do mundo neste começo do Terceiro Milênio, a própria classe médica se espanta com a eclosão das chamadas terapias alternativas como acupuntura, florais de Bach, mapas astrológicos, cromoterapia, o poder das pirâmides, cirurgias mediúnicas sem anestesia, musicoterapia, hidroterapia, fitoterapia, cristalterapia, do-in, massagem integrativa, radiestesia com pêndulos, captação e apometria para a desobsessão, receituário homeopático, terapia de vidas passadas etc.

Bem, algumas são muito antigas como a fitoterapia ou cura com a utilização de ervas medicinais. O famoso botânico alemão von Martins, depois de conhecer a nossa flora, exclamou que as plantas brasileiras não curam: fazem milagres. Ele por aqui andou em meados do século XIX em pleno Brasil

78   Celso Martins e Rubens Braga

Imperial. No começo do século seguinte o Dr. J. Monteiro da Silva fundou no Rio de Janeiro a Flora Medicinal e os fitoterápicos estão aos poucos sendo reconhecidos pela comunidade médica internacional, com o aval da Organização Mundial da Saúde, órgão da O.N.U. Outro exemplo de terapia antiga é a Homeopatia, criada pelo também alemão Samuel Hahnemann (1755-1843), aliás criada em 1796 e também em meados do século XIX introduzida no Brasil e admitida por inúmeros médicos, dentre eles Bezerra de Menezes, Joaquim Murtinho e outros. Atualmente ela já vai sendo reconhecida pelos médicos de diversas universidades do mundo diante de curas obtidas por este processo. Outras são mais recentes e os cientistas as rejeitam alegando ali haver apenas charlatanismo misturado com crendices. Não é nosso objetivo aqui atacar ou defender esta ou aquela terapia. Até porque os co-autores não são médicos nem atuam na área paramédica. Somente iremos analisar o centro espírita e as referidas terapias alternativas. Vejamos:

Dentro do centro espírita é preciso que o verdadeiro espírita continue seguindo as diretrizes de Allan Kardec. Se realmente admitimos que a Doutrina Espírita é o Consolador Prometido por Jesus, respeitemos o renascer do Cristianismo em sua pureza doutrinária. O guia espiritual de Allan Kardec tomou o nome de O Espírito de Verdade; ora, se estudarmos atenciosamente as obras do Codificador, até com a inclusão da *Revista Espírita* e de Obras Póstumas,

CENTRO ESPÍRITA: Diretrizes Básicas e Unificação   79

chegaremos à conclusão de que esta expressão O Espírito de Verdade não é o nome de uma legião de Espíritos, não! É o pseudônimo de uma entidade e esta entidade nada mais é do que o próprio JESUS! Repetindo, sejam lidos com atenção os livros de Kardec e a esta gratificante conclusão chegaremos. Um único exemplo para não tornar o assunto muito prolixo. Veja-se o que diz o Espírito Jobard no capítulo I — Espíritos Felizes — da Segunda Parte (Exemplos) de *O Céu e o Inferno*, na edição da Federação Espírita Brasileira. Outro exemplo: analise-se com cuidado o que escreveu Kardec na *Revista Espírita* relativa ao mês de julho de 1866 ao comentar o assunto Qualificação de Santo aplicada a certos Espíritos. Faça-se a comparação da mensagem que aparece inicialmente em *O Livro dos Médiuns*, 2ª parte — Capítulo XXXI — mensagem IX com a que aparece, depois, em *O Evangelho segundo o Espiritismo*, Capítulo VI (O Cristo Consolador) na parte das Instituições dos Espíritos. Fiquemos por aqui. Voltemos para as terapias alternativas.

Não precisamos ser psicólogo social para perceber como o povo, não sabemos se somente brasileiro, tem uma forte tendência para o misticismo. Não sabemos se é coisa apenas de nossos patrícios pois que nos Estados Unidos há prédios onde do andar 12º você é conduzido ao andar 14º porque na construção daquele "arranha-céu", por via das dúvidas, não há o andar de nº 13! O caso é que o brasileiro tem uma tendência

80 Celso Martins e Rubens Braga

para o sobrenatural, para o maravilhoso, para o desconhecido. Até pessoas dotadas de diplomas universitários agem assim para que não se diga seja coisa do tabaréu, do caipira inculto, do sertanejo ignorante. Misticismo é devoção contemplativa fora da realidade levando a crer-se no, repetindo, sobrenatural. Por isso, a nosso juízo, vemos crescer até dentro dos arraiais doutrinários estas práticas alternativas. Somente a ação consciente de dirigentes esclarecidos é que poderá impedir que estas novidades se espalhem e se misturem à Doutrina Espírita trazendo mais confusão e divisão, comprometendo não só o ideal de confraternização mas até mesmo a deformação, a alteração dos postulados de Kardec. Basta que se leve em conta em que se transformou a aplicação do passe em certas casas espíritas. A simples imposição das mãos, ensinada e exemplificada por Jesus, e de igual maneira preconizada por Kardec, deu origem a uma série de práticas estranhas seguidas sem pestanejar, sem exame crítico de sua necessidade. Os co-autores elaboraram outro livro sobre este assunto passe.

A primeira preocupação dos dirigentes espíritas deve ser para as atividades que estão de acordo com a Doutrina legada por Kardec, e legada com sacrifício e abnegação. Partir daí para as práticas que não constam da literatura espírita é desviar a atenção da própria causa doutrinária.

Em nossa pátria baseou-se no mister de cura

CENTRO ESPÍRITA: Diretrizes Básicas e Unificação 81

mediante o passe, a oração, a água fluidificada (embora o termo mais correto seja água magnetizada), a intervenção cirúrgica perispiritual e, mais modernamente, a cirurgia com instrumentos cortantes, havendo até quem cobrasse por esta prática ilegal da Medicina.

Não pomos de modo nenhum em dúvida de que os Espíritos podem perfeitamente manipular recursos energéticos com critério e ponderação que beneficiam e curam mesmo.

O co-autor Celso Martins foi curado de uma hérnia inguinal numa operação efetuada por um médium não-espírita em começos de 1964. Seu pai, em 1983, com 64 anos de idade, desenganado pelos médicos de uma casa-de-saúde de Nova Iguaçu (RJ) em virtude de uma uremia total, ficou radicalmente curado depois que foi visitado por uma equipe de médicos e enfermeiros da Espiritualidade Superior num trabalho efetuado à distância pelo Templo Espírita Tupyara, situado no Rio de Janeiro, famoso por suas curas deste gênero.

Mais exemplos teríamos a dar, mas não é esta a finalidade deste livro, tampouco deste capítulo. Claro que lendo *O Livro dos Médiuns* encontramos explicações para tudo isto. Mas daí a admitir que a manipulação de recursos energéticos seja panacéia, constitua instrumento para todos os males — a distância é grande.

Há confrades que chegam a dizer que o Espiritismo não veio para curar corpos perecíveis mas orientar Espíritos imortais. Só que estes confrades recorreram a médiuns de cura até fora do Brasil para curar seus corpos perecíveis! Esta pregação é meio falaciosa. É meio falaciosa porque Kardec em *O Livro dos Médiuns* deixa bem claro que os Bons Espíritos podem ajudar-nos nos assuntos de saúde e doença. No mesmo livro o Codificador estuda a mediunidade de cura e fala dos médiuns receitistas. E na coleção da *Revista Espírita* o Codificador relata casos de cura dele mesmo com o concurso dos Espíritos Amigos no caso de uma fratura de seu membro superior e a intervenção de uma sonâmbula quando de uma enfermidade no globo ocular.

Demais, Jesus, o Mestre por excelência, orientou-nos em termos de vida imortal. Mas ele mesmo curou corpos perecíveis. Não precisamos dar exemplos de vez que os Evangelhos estão repletos de exemplos. Ele curou e ordenou a seus apóstolos e discípulos que assim agissem; e seus seguidores assim fizeram como se lê em Atos dos Apóstolos.

Claro que a Doutrina visa ao esclarecimento espiritual para que, parafraseando o Mestre, a criatura não peque mais para que não lhe suceda coisa pior em conseqüência direta destas violações às leis morais que regem a vida. Entretanto, bondosamente os Espíritos podem ser aqueles cirineus que nos auxiliam na condução de nossas cruzes redentoras. Assim, dentro ou fora do centro espírita, os amigos da Espiritualidade podem curar-nos, podem aliviar-nos,

CENTRO ESPÍRITA: Diretrizes Básicas e Unificação   83

e o fazem mesmo, na medida da nossa fé e na pauta do nosso mérito individual. Tenhamos pois muita cautela nos julgamentos precipitados!

Encerrando este capítulo sobre as terapias alternativas, vejamos a TVP.

A Terapia de Vidas Passadas tem relação direta com a reencarnação, que é um dos postulados fundamentais da Doutrina Espírita. A TVP é o processo que permite a regressão da memória ao passado com fins terapêuticos. O paciente é levado a retroceder cognitivamente a estágios anteriores da existência atual. Repetindo, o assunto pede cautela no julgamento precipitado. Vejamos com vagar.

Não desconhecem os co-autores a existência de uma comunicação dada em 30 de julho de 1991 pelo médium Chico Xavier onde seu instrutor Emmanuel entre outras ponderações, diz isto: "Se fomos trazidos à Terra para esquecer o nosso passado, valorizar o presente e preparar em nosso benefício o futuro melhor, por que provocar a regressão da memória do que fomos ou fizemos simplesmente por questões de curiosidade vazia, ou buscar aqueles que foram nossos companheiros, a fim de regressar aos desequilíbrios que hoje resgatamos?"

Bem, esta a mensagem de Emmanuel em que se agarram os que são declaradamente contra esta terapia. Entretanto, o co-autor Celso Martins é amigo pessoal de um psicólogo-clínico (Milton Menezes), formado no assunto, profundo conhecedor da

84 Celso Martins e Rubens Braga

Doutrina Espírita, agradável palestrante, companheiro simpático e atencioso para com todos indistintamente e que tem um livro de título *Terapia de Vida Passada — Distâncias e Aproximações*, lançado no Rio de Janeiro, em 1998 pela Leymarie Editora. Esta obra do Milton Menezes merece lida e meditada. O autor se cerca de robusta bibliografia não só espírita mas de autores brasileiros e estrangeiros, espíritas ou não. Menezes baseia-se em Kardec, em Joanna de Ângelis, em Manoel Philomeno de Miranda, dentre outros nomes respeitáveis. Ele analisa a mensagem antes referida de Emmanuel e mostra que a verdadeira terapia de vida passada não é um mero exercício de passatempo para saber quem é que eu fui no passado, não!

Por outro lado, o paciente não é levado a recordar detalhadamente todos os seus lances vividos, não. Ele tem apenas como que lampejos de fatos marcantes e que estão trazendo desconforto na atualidade, estão acarretando doenças psicossomáticas para cuja cura a Medicina convencional não consegue sucesso algum. O meu amigo Menezes esclarece que seus pacientes foram tratados fora do centro espírita e obtiveram sensíveis melhoras e mesmo cura quando se atingiu o ponto nevrálgico de uma solução não resolvida. Uma vez esclarecido, o Espírito se liberta do sentimento de culpa ou de mágoa, de medo ou de angústia e entra no caminho da cura de seus males atuais.

O escritor Celso Martins deseja deixar bem claro

CENTRO ESPÍRITA: Diretrizes Básicas e Unificação 85

aqui alguns pontos que o seu amigo Milton Menezes sempre deixa fixados no entendimento dos seus assistentes nos debates concorridos de que ele é participante:

1º) — O terapeuta tem de ser um profissional de moral ilibada não buscando tirar proveitos em cima do sofrimento alheio (é o aspecto moral da questão, de magna importância);

2º) — O terapeuta tem de ser conhecedor das técnicas de regressão da memória para controlar o processo (é o lado técnico do assunto, também muito relevante); e agora atenção, caros leitores, muita atenção:

3º) — O terapeuta há de ter o cuidado de perceber a presença de algum processo obsessivo junto ao paciente; em havendo alguma entidade desencarnada desencadeando aquela sintomatologia patalógica no paciente, deve encaminhar o cliente para um centro espírita onde a obsessão venha a ser tratada com o critério espírita preconizado pela Doutrina dos Espíritos. É o ângulo espírita do problema.

Numa palavra, Menezes não faz a regressão da memória por mera curiosidade; não a faz num centro espírita; e quando vê que o doente precisa do atendimento espírita, é convidado a buscar atendimento no centro espírita, indicando-lhe endereços de ambientes sérios, caso o paciente admita a idéia de ir até lá.

Sinceramente o co-autor Celso Martins não sabe

dizer se outros terapeutas se cercam destas precauções. Apenas citou um exemplo de seu conhecimento pessoal. Seria omissão e injustiça não trazer estas informações aos leitores, como seria leviandade opinar sobre a conduta de outros terapeutas cujo procedimento o co-autor desconhece.

A Unificação do Movimento Espírita

O assunto deste capítulo é espinhoso. Muito espinhoso mesmo. Primeiro porque envolve a questão do vedetismo, ou seja, do personalismo. Criaturas há que não estão pensando em servir à Doutrina mas dela se servir para aparecer. Lamentavelmente isto acontece. E como acontece! O leitor deve então não confundir a Doutrina com o Movimento. São assuntos distintos, quando não deveria ser assim. Mas é porque a perfeição não reside no Planeta Terra. Como se anseia pelo poder!... Depois porque envolve questões delicadas que se criaram — pois Kardec não é ainda conhecido! Não é lido com cuidado! Não é estudado em profundidade! Quando um autor escreve sobre um tema doutrinário mais a fundo, embora o faça ao nível do povo, a obra não é vendida pois o público prefere romances, ou melhor, novelas. Talvez seja fruto da falta de interesse do povo pelo estudo, quer por formação étnica da nossa nacionalidade, quer em função das aperturas financeiras que arrocham o povo em geral, e isto traz evidentemente preocupações ao editor na hora de editorar um livro que não lhe traz logo capital de giro. Assim encara o co-autor Celso Martins, no que pode estar até totalmente enganado.

Dentre as questões delicadas, a mais antiga é o Roustainguismo. O advogado francês João Batista Roustaing valendo-se de uma única médium inexperiente lançou no século XIX, ainda com Kardec em vida material, a obra intitulada *Os Quatro Evangelhos* (na tradução para o português pela FEB deu quatro volumes bem alentados) na qual defende absurdos. Dois deles: Jesus teria sido um agênere, um fantasma, um Espírito materializado o tempo todo, enganando a todos; e a queda dos Espíritos que, depois de uma certa evolução moral, voltariam a ocupar a forma de um criptógamo carnudo. Deixo de fornecer mais detalhes (e aqui escreve o Celso Martins) porque a própria Editora Mensagem de Esperança editou o livro intitulado *Conscientização Espírita*, do confrade Gélio Lacerda da Silva, onde esta mixórdia é analisada em profundidade.

Kardec rejeitou esta teoria. Basta que se leia com atenção, por exemplo, o que aparece no capítulo XV da obra *A Gênese*, nº 65 e seguintes. Nada obstante, a Federação Espírita Brasileira, vem ao longo dos anos divulgando esta obra e outros livros nela baseados.

CENTRO ESPÍRITA: Diretrizes Básicas e Unificação 89

Não poderia dar-se outra coisa senão a divisão do movimento espírita nacional já no final do século XIX entre científicos e místicos, apesar da tentativa de Bezerra de Menezes em conciliar as opiniões, irmanando os espíritas.

Em 1926 no Rio de Janeiro foi criada até a Liga Espírita do Brasil, à qual se filiaram as instituições e os confrades que não admitiam as idéias de Roustaing. Em 1949, ainda no Rio de Janeiro, foi assinado o Pacto Áureo, tentando unificar os espíritas; a Liga Espírita do Brasil passou a chamar-se Liga Espírita do Distrito Federal. Porém, como a FEB insistisse na pregação rutenista, a divergência continuou a ponto de já no apagar das luzes do século XX aparecer a proposta da criação da Confederação Espírita Brasileira à qual se filiariam os espíritas que rejeitam a tese espúria de Roustaing.

Outra questão delicada foi criada pelo filósofo italiano Pietro Ubaldi. Na Itália, dizendo-se portador de uma forma de comunicação com uma força chamada Sua Voz, escreveu diversos livros dentre eles o primeiro de título *A Grande Síntese*. No começo dos anos 50 do século XX veio para o Brasil e continuou a escrever mais livros (num total de 24). Encontrou aqui muitos seguidores a despeito de não haver nenhuma concordância entre seus escritos e os postulados de Kardec. Esclarecido fica: quem escreve isto aqui é ainda o co-autor Celso Martins. Pois bem, em outubro de 1963 reúne-se em Buenos Aires (Argentina) um Congresso da Confederação Espírita Panamericana. Ubaldi, depois de discorrer sobre a estagnação das religiões, pede que suas obras sejam incluídas ao Espiritismo porque, a seu juízo, a Codificação de Kardec parara na reencarnação e na mediunidade de modo que não tinha um sistema conceptual completo e que não seria levado a sério pela cultura atual; o Espiritismo, na opinião do pensador italiano, teria parado como parou a Igreja Católica em Santo Tomás de Aquino e o Protestantismo na Bíblia. Não é necessário dizer do mal-estar que esta proposta gerou e foi de logo rejeitada pelo Irmão Saulo (Prof. José Herculano Pires) na Revista Internacional de Espiritismo, de Matão, SP, em seu número do mês de novembro do mesmo ano de 1963.

Para não alongar este capítulo, o co-autor aponta um gritante contraste entre as idéias de Ubaldi e as teses espíritas: o pensador italiano admite a morte do Espírito! Simplesmente sem comentários!

Vamos prosseguir pois o assunto é mais complexo do que se possa pensar num vôo de pássaro, como se diz em francês.

Em 1950 surge no Rio de Janeiro, com Alziro Zarur, a Legião da Boa Vontade, instalando-se um verdadeiro movimento paralelo porque muitos espíritas a ele aderiram porque ele pregava abertamente a reencarnação e a mediunidade, embora fosse declaradamente roustainguista. Sua L.B.V. cresceu muito e, novamente, para bem da concisão, o co-autor aponta outra questão delicada que dividiu a

CENTRO ESPÍRITA: Diretrizes Básicas e Unificação

família espírita no contexto da Legião da Boa Vontade: foi o aparecimento dos livros do Espírito Ramatis, pela psicografia do médico paranaense Hercílio Maes como *A Vida no Planeta Marte, A Fisiologia da Alma, A Missão do Espiritismo* etc.

E para as idéias de Ramatis se bandearam muitos espíritas. Infelizmente as naves espaciais não revelaram em Marte a existência de uma civilização evoluída, superior material e moralmente à vida na Terra, conforme Ramatis anunciou. Deixa o co-autor Celso Martins ao leitor o convite da leitura atenta do livro escrito pelo Artur Felipe de Azevedo Ferreira intitulado *Ramatis: sábio ou pseudo-sábio?* numa edição da Ed. Esp. Mensagem de Esperança. Rapidamente dois pontos de divergência entre Ramatis e Kardec. Ramatis aceita a psicometria como forma de mediunidade; o Espiritismo a considera apenas faculdade anímica, conforme aprendemos em Bozzano. Ramatis não distingue o médium curador do médium receitista, colocando ambos no rótulo da mediunidade de cura. O Codificador do Espiritismo em *O Livro dos Médiuns* e em vários trechos da *Revista Espírita* deixa claro que o médium de cura é de efeitos físicos (e não inteligentes) porque dá de seu magnetismo humano para efetuar uma cura com o auxílio dos Bons Espíritos, portadores do magnetismo espiritual, enquanto o médium receitista não passa de uma forma de mediunidade de psicografia, logo, efeito inteligente. Aliás, nas entrelinhas do livro *A Missão do Espiritismo* aparecem alfinetadas disfarçadas contra os espíritas, por ele chamados de kardecistas.

Antes até apareceram os livros de Edgard Armond na Federação Espírita do Estado de São Paulo nos quais há muito de orientalismo, de esoterismo e quase nada de Espiritismo, além da prática do passe muito complicada, muito diferente da simplicidade das mãos, prática dos centros realmente espíritas. Surgem os livros de Humberto Rohden com um linguajar elegante porém a presença de termos como Lúcifer, Logos, ego, eu, que não são encontrados nas obras realmente espíritas. E muitos espíritas se encantaram com ele.

Nesta resenha histórica dos livros e dos autores encarnados e desencarnados que dificultaram e ainda dificultam a unificação do movimento espírita, até que a Umbanda não criou maiores problemas porque sua prática é tão peculiar que não se confunde um centro espírita com uma tenda umbandista. O ritual externo, embora respeitável, já estabelece a distinção.

Manda a verdade histórica dizer que inúmeros líderes espíritas se levantaram na defesa da pureza doutrinária. Dentre outros podemos citar Deolindo Amorim, José Herculano Pires, Jorge Rizzini, Ary Lex, Nazareno Tourinho, Gélio Lacerda da Silva, Júlio Abreu Fº, Erasto Carvalho Prestes, Wilson Garcia. O co-autor Celso Martins encerra este relato sucinto para não cansar o leitor com esta posição bem clara: Ninguém está impedido de pensar e de agir de modo

CENTRO ESPÍRITA: Diretrizes Básicas e Unificação 93

contrário ao Espiritismo como no-lo codificou Allan Kardec. É um direito que tem de ter suas idéias e expôlas abertamente. A lei brasileira é bem clara neste sentido. Apenas pede o co-autor que tais pessoas não se digam espíritas. São espiritualistas dignas de respeito, de estima, de atenção. Isto é indiscutível. Mas que não se considerem espíritas. O co-autor citado até parafraseia a professora Heloísa Pires, filha do Herculano: "Se o simples fato de falar em reencarnação colocasse uma teoria dentro do centro espírita, deveria também colocar o Budismo e outras doutrinas espiritualistas".

Isto posto, passemos a palavra ao co-autor Rubens Braga que trouxe a sua contribuição para a unificação do movimento espírita. Leiamos com atenção tudo quanto ele nos tem a dizer sobre este tema que finaliza este livro.

I — A PUREZA DOUTRINÁRIA

Devemos preservar, com segurança, a pureza doutrinária, recordando a posição corajosa do Codificador, o cuidado, o interesse, a dedicação preocupada, o desvelo pelo Espiritismo que foram sempre uma constante em Allan Kardec, uma das marcas de sua tarefa missionária, pois a Doutrina sendo dos Espíritos, seria a "obra de sua vida até seu último dia". Ver *Revista Espírita*, novembro de 1864 (Página 325) e também julho de 1865 (Página 161).

Kardec sempre defendeu com veemência, mas

94 Celso Martins e Rubens Braga

educadamente, a Doutrina declarando logo no primeiro número da *Revista Espírita* (Pág. 3): (...) "procuraremos resolver as dúvidas e esclarecer os pontos ainda obscuros (...) discutiremos, mas não *disputaremos"* (grifos do próprio mestre lionês). Considerava polêmica útil a discussão séria dos princípios doutrinários (*R.E.* de novembro de 1858, p. 305). Prova disso são as cartas que escreveu ao Padre Marouseau, autor da brochura intitulada *Refutação completa da doutrina espírita do ponto de vista religioso,* conforme podemos ler na *R.E.* de julho e de setembro de 1863, p. 217 e p. 247.

Aliás, o Codificador não teria contra si, na obra de implantação do Espiritismo, apenas desafetos declarados, em grande número, como ele mesmo esclarece em muitas passagens de suas obras. Em *Obras Póstumas* encontramos no comentário Os Desertores estas palavras:

"Todas as doutrinas têm tido o seu Judas: o Espiritismo não poderia deixar de ter os seus e eles ainda não lhe faltaram. Esses são espíritas de contrabando (...) que tentam desencaminhar a Doutrina, a fim de torná-la ridícula ou odiosa (...) levantam questões irritantes e ferinas (...) despertam o ciúme de preponderância sobre os diferentes grupos (...)".

Ele prossegue na *R.E.* de novembro de 1861 (p. 359): "Se os inimigos externos nada podem contra o Espiritismo, o mesmo não se dá com os de dentro. Refiro-me aos que são mais espíritas de nome do que

CENTRO ESPÍRITA: Diretrizes Básicas e Unificação   95

de fato, sem falar dos que do Espiritismo apenas têm a máscara." Estas palavras infelizmente são atuais.

E o Codificador prossegue mais ainda na *R.E.* de março de 1863 (p. 73 e 74): "Passemos a assunto mais grave — os falsos irmãos. O que caracteriza principalmente esses pretensos adeptos é a tendência para fazer o Espiritismo sair dos caminhos da prudência e da moderação."

Vejamos mais ainda. Abramos a *R.E.* de abril de 1868, na p. 120 e ali encontraremos estas ponderações kardequianas: "Todas as grandes idéias, todas as idéias renovadoras, tanto na ordem científica quanto na ordem moral, receberam o batismo da perseguição (...) O Espiritismo é, também, uma grande idéia; devia, pois, receber seu batismo como suas precursoras (...)."

O professor Rivail confiava nas virtudes da Doutrina Espírita, confiava em sua vitória final como filosofia superior de vida. É o que se depreende com facilidade deste trecho da *R.E.* de novembro de 1861 (p. 359): "O mais belo lado do Espiritismo é o moral. É por suas conseqüências morais que triunfará, pois aí está a sua força, por aí é invulnerável."

Todavia, o Codificador também conhecia os homens e temia os cismas, pelo que alertava, meses antes de regressar ao Mundo Espiritual, ao redigir a *Constituição Transitória do Espiritismo*, inserida na *R.E.* relativa ao mês de dezembro de 1868 (p. 374): "Para assegurar a unidade no futuro, uma condição é indispensável: é que todas as partes do conjunto da

Doutrina estejam determinadas com precisão e clareza, sem nada deixar no vago; para isto procedemos de maneira que os nossos escritos não possam dar lugar a nenhuma interpretação contraditória e procuraremos que seja sempre assim."

Esclarecemos que a *Revista Espírita* só veio para o português graças ao trabalho inicial de Júlio Abreu Filho e prosseguido mais adiante pelo José Herculano Pires numa edição da Edicel dirigida pelo Frederico Giannini Júnior.

II — CONCEITO DE UNIFICAÇÃO

O saudoso líder da Federação Espírita do Estado de S. Paulo Dr. Luiz Monteiro de Barros disse com sabedoria que Unificar é reunir, para unir e produzir cada vez mais e melhor.

Com efeito, o objetivo da Unificação é alcançar uma perfeita união entre os espíritas e a mais ampla difusão do Espiritismo, sem prejuízo das características de individualidade, de autonomia e de liberdade das partes unitárias do movimento que são exatamente os centros espíritas. Eles são as células do movimento espírita nacional e mesmo internacional devendo por isso mesmo receber orientação (e não ordens!) das instituições como as Uniões Municipais, os Conselhos Regionais, as Federações Estaduais e mesmo a Federação Espírita Brasileira, instalada a 2 de janeiro de 1884, na Cidade do Rio de Janeiro, então Capital do

Império, ocupando a sua presidência o Marechal Ewerton Quadros. Bem, orientação com base em obras de Kardec, o que nem seria necessário ser dito. Mas dizemos para que fique bem claro o nosso pensamento sobre unificação. Orientação que se fundamente nas obras de Kardec. O Espiritismo há de girar sempre em torno das obras do Codificador. E não em volta deste ou daquele Espírito, deste ou daquele médium, por mais respeitáveis que sejam o Espírito ou o médium.

A Unificação na feliz expressão do médium Chico Xavier, uma vida toda ela voltada para o Bem do semelhante, tem a finalidade de "administrar os interesses evangélico-doutrinários de forma coletivista e procurando tão somente a valorização dos Centros Espíritas". Aliás, encontramos em Kardec, exatamente em *O Livro dos Médiuns*, 2ª parte, capítulo XXIX nº 334 estas palavras:

"Esses grupos, correspondendo-se entre si, visitando-se, permutando observações, podem formar, desde já, o núcleo da grande família espírita que, um dia, consorciará todas as opiniões e reunirá os homens por um único sentimento: o da fraternidade, trazendo o cunho da caridade cristã."

O movimento de unificação poderá produzir bons frutos, difundindo a Doutrina dos Espíritos, realizando trabalhos de equipe, procurando a união dos espíritas em torno do Codificador (voltamos a insistir nisto!), defendendo os postulados espíritas que revivem os ensinamentos de Jesus na atualidade, dando apoio, estímulo e assistência especializada aos centros espíritas, nos diversos setores da Doutrina dos Espíritos, tais como a evangelização infanto-juvenil, os estudos e as práticas da mediunidade, a assistência fraterna, a divulgação doutrinária etc. Tudo isso em consonância com estas palavras de Jesus: "Os meus discípulos serão conhecidos por muito se amarem". E atende, ainda, à famosa recomendação de Paulo aos hebreus: "Consideremo-nos uns aos outros para nos estimularmos à caridade e às boas obras".

Não percamos de vista a exortação do Espírito Bezerra de Menezes que, no final do século XIX, à frente da Presidência da Federação Espírita Brasileira, já procurava unir a família espírita; uma vez no Mundo Espiritual, dirigiu-nos esta recomendação como diretriz: "É indispensável manter o Espiritismo, qual nos foi entregue pelos mensageiros divinos a Allan Kardec, sem compromissos políticos, sem profissionalismo religioso, sem personalismos deprimentes, sem pruridos de conquista a poderes terrestres transitórios".

III — OS OBJETIVOS DOS CENTROS, DAS UNIÕES MUNICIPAIS E DEMAIS ENTIDADES ADMINISTRATIVAS

Evidentemente que os objetivos só podem ser no sentido de que os espíritas se aproximem e, assim, melhor se conheçam e mais se confraternizem. Dirá talvez alguém: — Mas isto é o óbvio. Sim. Concordamos em que seja; mas vale a pena repetir a necessidade dessa

CENTRO ESPÍRITA: Diretrizes Básicas e Unificação   99

troca de idéias, de conhecimentos, de experiências em todos os sentidos, dentro da sabedoria de Kardec ao enunciar que "dez homens sinceramente ligados por um pensamento são mais fortes do que cem que não se entendem".

Conferindo maior estabilidade e homogenização, por que não dizer? conferindo maior eficácia ao movimento, os centros e as uniões muncipais e mesmo as federações estaduais devem evitar a disseminação de práticas exóticas, misto de magia e de superstição, que nada tem a ver com o Espiritismo. Devem concorrer eficientemente para o desaparecimento do personalismo individual ou de grupos no meio espírita, facilitando o desenvolvimento da renúncia e do desejo de servir sem esperar recompensas, virtudes tão necessárias para a estabilidade dos trabalhos coletivos. Assim agindo, os centros espíritas, as uniões municipais, as federações estaduais, a própria Federação Espírita Brasileira poderão perfeitamente opor sólida barreira consciente e permanente às forças que lutam no sentido de solapar a Terceira Revelação ao mesmo tempo que poderão e deverão mesmo, sem nenhuma intenção de catequese ou salvacionismo tornar o meio espírita uma força social cada vez mais atuante, mais útil e eficiente para a evolução humana no sentido da fraternidade e da espiritualização do gênero humano.

Devemos garantir a independência do movimento espírita como um todo e sua auto-suficiência em todos seus setores de atividades, em qualquer época e em qualquer circunstância, sempre preservando a pureza doutrinária com segurança evitando o seu desvirtuamento por força de interpretações capciosas e individualistas bem como de práticas nocivas visando a interesses e ambições pessoais, com evidente desprezo dos seus postulados fundamentais, sobretudo no campo da moralidade.

As uniões municipais e as federações estaduais, na medida do possível, poderão elaborar material de apoio para as atividades do centro espírita como apostilas, manuais, folhetos, cartazes, tanto como promover a realização de encontros, de seminários, de simpósios, para a obtenção de consenso doutrinário no movimento espírita, fazendo uma avaliação dos resultados concretos destes encontros, seminários ou simpósios para que não sejam mais um roteiro de turismo do que uma oportunidade de confraternização e aprofundamento do estudo dos assuntos da atualidade à luz do Espiritismo, sem perder de vista a abertura de perspectivas para o futuro.

Claro que haverá idéias divergentes. É lógico que isto acontecerá. Quem quer que lide no meio espírita há algum tempo sabe que até mesmo num único centro espírita, por menor que seja, esta situação surgirá. Entretanto, a unificação saberá administrar esta situação, desenvolvendo a convivência fraterna através da análise — nunca de pessoas — mas de idéias e opiniões conflitantes, debatidas em clima democrático sem alteração do equilíbrio, tendo sempre os ensinos e a

CENTRO ESPÍRITA: Diretrizes Básicas e Unificação

conduta de Kardec como roteiro; tendo sempre os ensinos e os exemplos de Jesus como modelo!

IV — OS REPRESENTANTES DOS CENTROS ESPÍRITAS

Os centros espíritas deverão ser representados no Conselho Deliberativo das Uniões Municipais Espíritas ou das Uniões Intermunicipais Espíritas caso seja esta a situação das casas adesas ao movimento. Sugerimos a existência de quatro representantes, dois titulares e dois suplentes, não sendo estes representantes obrigatoriamente diretores do centro espírita, mas elementos que possam ser representantes do centro, servindo de intermediários entre o centro e a união municipal (ou conselho regional espírita, como existem em alguns Estados do Brasil). Escusado dizer que não indicaremos como representantes colaboradores eventuais, às vezes nem sempre com qualidades morais e conhecimentos doutrinários. O co-autor Rubens Braga advoga a tese de que os representantes sejam membros da diretoria do centro; respeitosamente o co-autor Celso Martins respeita a proposta do seu colega de co-autoria deste livro, porém pensa diferente por saber que os diretores muitas vezes já estão supercarregados de tarefas na casa espírita, além, naturalmente, de compromissos de sua vida particular com a família, com seu emprego profissional etc. Neste caso, o co-autor Celso Martins, em cima de alguma experiência no assunto, admite a possibilidade de abrir espaço para alguém que não seja da diretoria mas que possa, é óbvio, representar o centro ciente da realidade de seu centro e de seu papel como representante de sua instituição.

Para que não seja levantado um assunto de última hora, provocando debates improdutivos, os representantes dos centros espíritas deverão comunicar, de preferência por escrito, previamente à secretaria da união municipal espírita os temas que serão objeto de análise durante a reunião mensal ordinária, cabendo, desta maneira, à secretaria dos órgãos da unificação pôr na ordem do dia os assuntos que serão debatidos. Este método evitará que a reunião se prolongue além do tempo pré-estabelecido para os encontros mensais.

V — A PALAVRA DA ESPIRITUALIDADE

Encerramos este livro com a palavra do Espírito Bezerra de Menezes que assim se expressou:

"... reflitamos nisso, suprimamos nossas divergências, esqueçamos conflitos pessoais, procuremos extinguir os pontos de incompreensão e discórdia porventura existentes nas oficinas de elevação espiritual a que nos encontremos vinculados e trabalhemos na seara do Bem, confiando-nos, realmente, ao Cristo de Deus, cujos interesses repousam em nossas mãos.

"Solidários, seremos união. Separados uns dos outros, seremos pontos de vista. Juntos alcançaremos a realização de nossos propósitos. Distanciados entre

CENTRO ESPÍRITA: Diretrizes Básicas e Unificação   103

nós, continuaremos à procura do trabalho com que já nos encontramos honrados pela Divina Providência."

APÊNDICE

ALGUMAS CONSIDERAÇÕES SOBRE O MOVIMENTO ESPÍRITA

Paulo R. Santos/Maio-2001

INTRODUÇÃO

O que o leitor tem a seguir são apenas reflexões ligeiras a partir do que se ouve, se lê e se vê, por aí, no meio espírita. Estão certamente sujeitas a interpretações pessoais, à subjetividade do autor e leitor e, conseqüentemente, são passíveis de equívocos. Mas não deixam de ser a expressão de uma opinião. Podem até ser um ponto de partida para outras reflexões mais profundas e de melhor qualidade.

1 — A INSTITUIÇÃO ESPÍRITA

Do ponto de vista terreno, um centro ou agremiação espírita é pessoa jurídica e deve ter um corpo administrativo, renovado periodicamente, para possibilitar a realização de novos projetos e a implementação de novas idéias, além da indispensável alternância do poder decisório.

1.1 — Empresa ou Núcleo de Estudos e Atividades?

Apesar da administração de um centro espírita assemelhar-se à de uma empresa, sua atividade fim lhe dá outros parâmetros e diferenciais, principalmente aqueles que se destinam a melhorar o ser humano, através de sua moralização. Por isso, não pode ser dirigido como se fosse realmente uma empresa ou repartição pública. É ponto de convergência dos que possuem a fé espírita e polo irradiador dessa mesma crença.

1.2 — O Trabalho Voluntário

Muitos dirigentes se esquecem de que o centro ou sociedade espírita é mantida pelo trabalho voluntário e não por funcionários, não lhes cabendo nenhuma postura de empresário dentro da instituição. Muitos colaboradores se afastam quando começam a ser tratados como funcionários. Isso não exclui o fato de que aquele que assumiu algum cargo ou encargo na casa deva esforçar-se por desempenhá-lo bem, só o deixando por força maior. O trabalho voluntário não implica descompromisso.

2 — A DOUTRINA ESPÍRITA

A Doutrina Espírita é constituída pelo conjunto de princípios contidos nas chamadas Obras Básicas, ou fundamentais. As obras complementares e subsidiárias desenvolvem esses princípios, sem alterá-los substancialmente.

3 — O MOVIMENTO ESPÍRITA

O movimento espírita é a prática da Doutrina Espírita. É atividade humana, sujeita a erros e equívocos de interpretação, decorrentes das imperfeições humanas. A Doutrina se diferencia do movimento: uma constitui o corpo teórico, o outro é a sua realização.

3.1 — A Fragmentação do Pensamento Espírita

Qualquer movimento social, quando ganha corpo e ritmo de expansão, seja ele de natureza científica, religiosa, filosófica ou política, passa a sofrer algum processo de fragmentação, devido às inúmeras possibilidades de interpretação de seus fundamentos. Mas é importante não perder de vista suas bases, sob pena de esse eventual distanciamento dar origem a coisas novas, totalmente desligadas de seus princípios. Toda idéia nova já traz em si seus agentes de mutação.

3.2 — Qualidade ou Quantidade?

Na prática, o movimento espírita parece não se ocupar seriamente nem com uma coisa nem com outra; nem com a qualidade da (in)formação doutrinária, nem com a quantidade dos espíritas (**e não simpatizantes**, que são maioria), pois não existe ainda uma política de comunicação realmente eficaz.

O que normalmente se faz é difundir o Espiritismo conforme as condições possíveis, deixando que os interessados se aproximem ou não da Doutrina. A adesão é livre.

4 — A RELAÇÃO ENTRE ESPIRITISMO E SOCIEDADE

Ainda persiste algum distanciamento do movimento espírita em relação à sociedade civil. Talvez o motivo seja o ranço de perseguição que lhe foi movido durante décadas, e do qual ainda não nos livramos, apesar de as leis assegurarem o direito à liberdade de crença, e do Espiritismo já ter conquistado seu espaço social.

5 — COMUNICAÇÃO SOCIAL ESPÍRITA

Em plena era da comunicação por vários meios e em tempo real, o movimento espírita persiste, de um certo modo, usando meios e métodos de curto alcance na difusão doutrinária. Existem vários obstáculos a serem vencidos, mas talvez o maior deles seja a postura

CENTRO ESPÍRITA: Diretrizes Básicas e Unificação 109

dos próprios espíritas no que se refere ao direito e ao dever de democratizar o conhecimento, inclusive o conhecimento espírita.

5.1 — Mídia — Meios e Métodos

Entre a palestra feita dentro da instituição espírita até o acesso à TV e à Internet, existem inúmeros meios de comunicação, passando pelas conferências em locais "neutros", pelos periódicos, emissoras de Rádio etc. Cada casa ou grupo espírita pode tentar definir suas possibilidades e limites. Mas os métodos devem ser revistos. O conteúdo, a forma de se apresentar os pontos doutrinários, a contextualização, a linguagem, público-alvo etc. Em todo caso, deve-se levar em conta que ainda vivemos num mundo onde a fibra ótica convive com o analfabetismo.

6 — LIDERANÇA — QUESTÕES DE AUTORIDADE E PODER

Esse tem sido um ponto polêmico. Enquanto alguns defendem a tese de que, se alguém se mostra capaz e competente, deve continuar no poder indefinidamente, outros defendem o princípio da alternância do poder decisório.

A rigor, quem se define como um democrata deve ter a coerência de posicionar-se a favor da alternância do poder, o que não impede que o mais capaz e competente possa ser eventualmente reconduzido ao cargo. Os princípios de liberdade e democracia não excluem os da autoridade e justiça.

7 — ASSISTÊNCIA SOCIAL ESPÍRITA

Este tem sido o ponto forte do Espiritismo prático no Brasil. Mas, já é tempo de se repensar essa prática, não com o intuito de abandoná-la, mas para se rever meios e metas, em função de uma compreensão mais ampla dos princípios doutrinários.

7.1 — Promoção Social Espírita

O assistencialismo tem sido criticado por ser um mecanismo de manutenção da pobreza, quando não de demagogia e autopromoção. A instituição espírita deve procurar desenvolver mecanismos de promoção humana, resgatando o indivíduo de sua indigência sócio-moral e oferecendo-lhe um mínimo de condições de progresso material e profissional. É sempre preferível ensinar a pescar, a oferecer o peixe. A promoção social é tarefa mais complexa que a simples assistência material, exigindo recursos humanos e materiais mais qualificados.

8 — ESTATUTOS E REGIMENTOS

O próprio Kardec ocupou-se com os aspectos organizacionais e administrativos do movimento espírita, como se pode constatar em *Obras Póstumas*.

CENTRO ESPÍRITA: Diretrizes Básicas e Unificação 111

No entanto, muitas instituições têm usado e abusado de estatutos, regimentos e regulamentos, que apenas burocratizam a atividade espírita, sem lhe dar agilidade e eficácia reais. Nosso estatuto maior é a própria Codificação, e os textos complementares poderiam ser aqueles produzidos por Kardec, devidamente atualizados e adaptados. Isso garantiria uma unidade de vistas (expressão de Kardec) mínima ao movimento.

9 — PROBLEMAS ECONÔMICOS E FINANCEIROS

A recomendação da simplicidade e modéstia de nossas instituições tem levado muitos a um entendimento equivocado. Muitas vezes confundida com desleixo, falta de infra-estrutura mínima e descaso com aspectos legais e administrativos elementares. A falta de base econômica e escassez de recursos financeiros têm sido decorrência dessa visão míope da referida simplicidade. A maioria das casas espíritas não efetua um planejamento econômico-financeiro que lhe dê garantias de sobrevida.

9.1 — O Espírita e o Dinheiro

Para muitos espíritas o dinheiro – como a política – é um mal em si e não um meio (essencialmente neutro) para se conseguir certas coisas na vida material. No mundo de hoje, é literalmente impossível realizar qualquer coisa séria e com um mínimo de qualidade sem um mínimo de dinheiro. Sem uma visão

112 Celso Martins e Rubens Braga

mais adequada dessa realidade, o movimento espírita continuará paralisado em atividades que tenham maior alcance social. O importante é ter em mente que o dinheiro é um meio e não um fim em si mesmo. Além disso, não deve ser buscado sem respeito aos critérios ético-doutrinários.

10 — ATIVIDADES NA ÁREA MEDIÚNICA

O procedimento nas atividades práticas, relacionadas com o contato com o mundo espiritual, jamais encontrou consenso. Cada um se permite criar metodologia própria. É natural e compreensível que isso aconteça, em virtude da imensa variação de culturas e possibilidades nas sessões práticas. Até os regionalismos e atavismos influem mais que se pensa.

Desde que não se fuja às recomendações de segurança e qualidade nos contatos inter-mundos, todas as variações são permitidas, em função de fatores que fogem ao controle até dos mais ortodoxos. Na verdade, não é possível se criar um procedimento padrão, mas apenas referencial (*ver O Livro dos Médiuns*/ Allan Kardec).

Cabe aqui o lembrete: Não se justificam – nas sessões práticas – atitudes preconceituosas com relação à presença de desencarnados que foram nativos, mestiços ou negros em existências passadas e agora se apresentam nessa condição nas sessões. Não estamos na França de Kardec, e o Brasil é um país mestiço. Essa

CENTRO ESPÍRITA: Diretrizes Básicas e Unificação 113

atitude deve ser desencorajada pelos dirigentes, para que não se crie uma forma de "apartheid" espírita, afastada a hipótese de mera mistificação.

11 — LITERATURA ESPÍRITA

É indiscutível que a literatura espírita é o "sangue" da própria Doutrina. É numerosa, diversificada e apreciada por todos, indistintamente, sejam ou não espíritas.

11.1 — O Papel do Romance

Apesar da baixa qualidade de muitos romances publicados recentemente, o romance ainda é e deverá continuar sendo o portal de acesso de muitos ao Espiritismo. É através dele que a maioria daqueles que hoje optaram pelo Espiritismo chegaram à nova fé. Entretanto, deve-se cuidar para que a literatura espírita não se reduza a mero entretenimento, caindo no puro comercialismo e igualando-se à literatura mística e esotérica consumida atualmente.

11.2 — Os Livros de Formação e Informação Doutrinária

Os livros de formação e informação doutrinária devem conduzir o leitor à consolidação de sua (nova) crença. Mas é preciso que se revejam os métodos de difusão e formação doutrinária. Acima de tudo, deve-se evitar a mercantilização da fé, seja pela abundância de eventos pagos, ou da venda de literatura desprovida de conteúdo. A literatura de formação básica (a Codificação Espírita) deve ser promovida sempre que possível.

12 — NÓS E OS OUTROS

O movimento espírita é um movimento menor – uma pequena comunidade – inserida numa comunidade maior: a sociedade humana. Portanto, não poderá viver isolada e alheia aos acontecimentos e influências que sofre desta comunidade e exerce sobre ela. É preciso que se tenha uma visão sistêmica da vida de relação.

12.1 — O Espiritismo e as Seitas Evangélicas

É evidente a mudança de discurso das seitas evangélicas com relação ao Espiritismo e demais cultos onde a mediunidade está presente. Da perseguição pura e simples, sob a alegação de serem práticas demoníacas, partiram para a cooptação e uma aparente aceitação das práticas anímico-mediúnicas.

12.1.1 — Salvacionismo e Afetividade

Muitos se perguntam do porquê da explosão das seitas evangélicas. Estudos que vêm sendo feitos apontam para alguns aspectos bem sintomáticos, como a garantia de questões materiais e relativas à saúde, além de um forte apelo emocional. Esse apelo

CENTRO ESPÍRITA: Diretrizes Básicas e Unificação 115

apresenta conteúdos afetivos que praticamente inexistem no atual modo de vida familiar e social. Com a promessa de salvação e o alimento espiritual (emoções) que todos necessitam, é natural que esses templos se encham de carentes de todos os tipos. O discurso (pseudo?) racionalista espírita soa extemporâneo e frio para muitos. A essência do problema é a busca de *segurança* e *afetividade*.

12.2 — Os "Movimentos Paralelos" (ou Alternativos)

Com a evolução das idéias espíritas era de se esperar que o pensamento espírita se fragmentasse com o correr do tempo, apesar de suas obras fundamentais. O cerne da questão está na interpretação e hierarquização dos princípios doutrinários. A interpretação é fator comum a todas as correntes de pensamento, e a hierarquização é uma questão de valores e prioridades estabelecidos em função daquilo que uma pessoa ou um grupo julga mais importante.

12.3 — Patrulhamento Ideológico

Aconselhar, opinar, sugerir etc., mais que um direito é um dever moral para com aqueles que defendem idéias equivocadas (questão 841, O Livro dos Espíritos), principalmente quando afetam outras pessoas. No entanto, efetivar um verdadeiro patrulhamento ideológico, chegando-se ao extremo de invadir a privacidade de uma pessoa, é um erro grave. A Doutrina Espírita é uma doutrina de responsabilidade pessoal, e não pode ser convertida numa gaiola de ouro (mas gaiola), onde se é vigiado em tudo que se fala, faz, pensa ou sente, tal e qual nos regimes de exceção.

13 — PARCERIAS

Na atualidade, está muito claro que nada se faz e nada se consegue agindo isoladamente. As parcerias, o associativismo e o cooperativismo podem ser caminhos para se viabilizar inúmeros projetos de largo alcance social e doutrinário.

13.1 — ONG's ou Governos

Tomando-se os devidos cuidados e estabelecidos critérios ético-doutrinários mínimos, atividades em parceria com Organizações Não Governamentais e o próprio Estado são possíveis e desejáveis. A crítica que se faz a essas parcerias é que um terço (em média) dos recursos arrecadados são usados em autopromoção e burocracia. É preciso cuidado para manter-se a natureza espírita dos projetos.

14 — DIVULGAÇÃO DOUTRINÁRIA — A LINGUAGEM

Ainda é comum ouvirmos expositores falarem como advogados do século XIX, usando e abusando

CENTRO ESPÍRITA: Diretrizes Básicas e Unificação   117

de uma oratória já em desuso, muitas vezes copiando expressões e palavras de clássicos da literatura espírita. Pode ser que ainda existam pessoas que gostem. Mas uma palestra sem o vocabulário coloquial – com os regionalismos próprios e sem vulgaridades – acaba errando o alvo. Para que haja comunicação, é fundamental que quem nos ouve (ou lê) possa entender a mensagem que queremos passar.

14.1 — Integridade Doutrinária

Os cuidados com a manutenção da integridade doutrinária é um dever moral de todo aquele que se considera espírita. Tem o dever de corrigir equívocos, interpretações erradas, enxertos ou desvios, quando, onde e sempre que se apresentem. Sem uma boa base e formação doutrinária não poderá fazê-lo, e a literatura de referência (a Codificação) deve ser mantida intacta e integral. No entanto, deve evitar posturas sectárias ou de fanatismo.

14.2 — Amadorismo x profissionalismo

Esse é um problema crônico no meio espírita. Partindo da premissa equivocada de que "boa vontade basta", muitos caem no improviso e na ineficácia, desperdiçando recursos humanos e materiais geralmente escassos. Um mínimo de qualificação para as tarefas é coisa sempre possível, sem que com isso se caia no extremo oposto: a profissionalização das atividades espíritas. O trabalho voluntário tem alto valor moral e pedagógico para o Espírito, mas não implica fazer, das atividades espíritas, tarefas para horas vagas.

15 — ENXERTOS E DESVIOS

15.1 — Pietro Ubaldi, Ramatis, Edgard Armond, J.B. Roustaing...

Os princípios do Espiritismo estão claramente apresentados nas suas Obras Básicas, ou seja, aquelas organizadas por Allan Kardec e os Espíritos que o auxiliaram. É certo que depois vieram muitos outros desenvolvendo e complementando aspectos da sua estrutura inicial. No entanto, nem todos foram espíritas. Muitos apresentaram pontos assemelhados ou convergentes ao eixo doutrinário primordial, sem com isso serem exatamente espíritas, embora sejam espiritualistas.

O gosto pessoal de muitos espíritas por pontos apresentados por esses autores tem levado a enxertos e desvios – nem sempre de má-fé, mas desvios – pois essas pessoas apresentam, como Espiritismo, coisas provenientes de pontos de vista pessoais de autores que eles apreciam por uma razão ou outra.

A Doutrina Espírita é progressiva e evolucionária como sabemos, mas isso não significa que admite, incorpora ou absorve qualquer novidade sem critérios. Há uma metodologia própria para esse

CENTRO ESPÍRITA: Diretrizes Básicas e Unificação 119

progresso doutrinário, explicada nos livros fundamentais do Espiritismo.

16 — ESPIRITISMO E CULTOS AFRO-BRASILEIROS

Num país mestiço como o Brasil é mais que natural e compreensível que qualquer coisa assuma os contornos "tupiniquins" depois de chegar a essas terras. Não foi diferente com o Espiritismo, após a segunda metade do século XIX. Os cultos afro-católicos já se encontravam bastante enraizados por aqui e o conteúdo doutrinário espírita caiu bem, devido aos aspectos da mediunidade que comporta.

16.1 — Espiritismo ou "Kardecismo"?

Depois que o próprio Governo passou a fazer o recenseamento geral, e entendeu o *kardecismo* e a *umbanda*, como variantes do **Espiritismo**, fica muito difícil estabelecer uma linha divisória entre uma coisa e outra. Para o cidadão comum, Espiritismo e cultos afro-brasileiros são a mesma coisa, em níveis ou apresentações diferentes. Parece-nos inútil querer reverter essa situação. Por isso talvez seja conveniente, quando cabível, usar o vocábulo *Kardecismo*, para maior clareza e precisão, esclarecendo que é uma impropriedade. (1)

---

(1) Nota do Editor. Trata-se de opinião do Autor, como ele próprio assevera na Introdução.

17 — ESPIRITISMO E NEOPOSITIVISMO

É muito difícil para o leitor comum tomar contato com as obras espíritas básicas e não absorver seu forte conteúdo positivista, uma metodologia científica em voga ao tempo de Kardec e utilizada por ele, por ser a melhor e mais aceita à época. O Positivismo, hoje, está superado como teoria e método científico, o que não significa que os leitores dos livros da época (século XIX) não se tornem um tanto neopositivistas, com expressivas conseqüências na forma de entender as coisas atuais.

O Positivismo de A. Comte foi um ótimo ponto de partida, mas não nos serve mais. Se pudermos superar esse neopositivismo, sem dúvida, a Doutrina Espírita poderá retomar, com sucesso, suas pesquisas e avançará no campo científico e filosófico, com conseqüente progresso em seus aspectos morais (ou religiosos).

Referimo-nos, aqui, à forte influência dos textos básicos sobre a estruturação do pensamento espírita, ainda hoje.

17.1 — Excesso de Intelectualismo?

Muitos já levantaram a questão do excesso de intelectualismo em nosso meio, porque tornaria a Doutrina Espírita uma doutrina exclusiva de letrados e da *tribo* "cult" e fora do alcance dos homens comuns que se voltariam para suas formas mais *populares*, ou seja, os cultos afro-católicos (ou afro-brasileiros, se

CENTRO ESPÍRITA: Diretrizes Básicas e Unificação 121

preferir). O fato de o Espiritismo falar e apelar muito à razão responde por isso.

17.2 — Elitização do Espiritismo?

Como decorrência do item anterior (17.1) muitos temem uma progressiva elitização do Espiritismo, com imenso prejuízo para as classes com menor acesso à educação, às artes, ciência e cultura. Por outro lado, isso teria como resultado, no longo prazo, a redução do número de adeptos do "verdadeiro" Espiritismo, ou pelo menos um crescimento quantitativo extremamente lento. Por isso, insistimos em que devemos pôr a Doutrina ao alcance de todos, em termos claros, objetivos e simples.

18 — ORTODOXIA E FUNDAMENTALISMO

É do conhecimento de todos que vivemos o final de um processo histórico iniciado com as Grandes Navegações, no século XVI, e o Renascimento. Esse processo histórico recebeu o nome de *Globalização*, e faz do mundo a referida *aldeia global*, com o conhecimento e as informações fluindo em tempo real. Vivemos o fim das barreiras políticas e ideológicas, o intercâmbio cultural nem sempre democrático, a economia se transnacionalizando etc.

Nesse novo contexto histórico, barreiras de qualquer tipo estão destinadas ao fracasso, inclusive as barreiras religiosas. Posições que cheirem ou denotem fanatismo, sectarismo, fundamentalismo ou ortodoxia extremada estão na contramão da História e não terão sucesso. Na indispensável visão sistêmica do mundo atual, a interação e interdependência são fatores evidentes, trazendo maiores necessidades de diálogo, compreensão, tolerância e capacidade de entendimento em todos os setores da vida humana. O movimento espírita e a Doutrina Espírita não têm como fugir a essa realidade.

18.1 — Preconceitos e Discriminações

O preconceito é uma atitude mental preestabelecida com relação a alguma coisa ou alguém; a discriminação é a prática do preconceito. O primeiro é uma idéia ou pensamento, o segundo sua materialização.

18.1.1 — Homossexuais e Viciados — Que Fazer?

Na prática, há, no meio espírita como em outros ambientes, preconceitos e discriminações de variados matizes contra homossexuais e viciados. Apesar de o Espiritismo apresentar esclarecimentos muito bons sobre tais situações, sempre transitórias na vida do Espírito, seus adeptos se comportam como pessoas comuns, destituídas da visão espiritual e imortalista desses casos. São, antes de tudo, Espíritos em processo de reparação e/ou aprendizado sobre determinados aspectos da vida. Vícios são manifestações de

CENTRO ESPÍRITA: Diretrizes Básicas e Unificação 123

fragilidades espirituais ou ignorância quanto às realidades da vida.

18.1.2 — O "Apartheid" Espírita

Diante da existência de pessoas com desordens nos campos sexual ou comportamental, não se justifica – na perspectiva espírita – uma postura de exclusão com relação a essas pessoas. A Doutrina Espírita pode oferecer a elas não apenas seus métodos de tratamento (a fluidoterapia), mas também um esclarecimento mais completo sobre sua situação atual e seu futuro.

Essa atitude de exclusão deve ser evitada, também, com relação à presença de Espíritos que foram negros, nativos ou mestiços, nas sessões práticas. (Ver item 10).

18.2 — Espíritas na Política?

Há um visível preconceito com relação à presença de espíritas na política. Isso se deve à formação doutrinária e ao desconhecimento do assunto. Uma pessoa pode se envolver com a política em benefício da coletividade, sem envolver-se necessariamente com a política partidária. A política partidária possui particularidades que, de fato, devem ser deixadas para aqueles vocacionados para tal (inclusive espíritas). Estão aí as ONG's, associações comunitárias, APAE's, câmaras comunitárias, conselhos comunitários, movimentos sociais etc, aos quais o espírita poderá associar-se.

18.2.1 — Capitalismo (Individualismo) ou Socialismo (Coletivismo)?

Esse é um assunto delicado, pois dependendo do sentido que cada um dá às palavras, dará também sua interpretação. No entanto, parece-nos que o Espiritismo é essencialmente coletivista e, como conseqüência, em termos de prática política, o pensamento social espírita tenderia para o Socialismo. Quem desejar aprofundar-se no assunto, poderá ler "Filosofia social espírita", Ney Lobo, FEB/1992. (2)

Pode-se ter como referência – para comparação e análise – a comunidade espiritual Nosso Lar, conhecida através da obra de André Luiz/Chico Xavier, e como indicação doutrinária, uma leitura na ótica política da terceira parte de *O Livro dos Espíritos* que trata das Leis Morais.

19 — "SEITAS" ESPÍRITAS?

Queiramos ou não, teremos que aceitar e conviver com o surgimento de seitas espíritas. Uma idéia sempre se desdobra e dá origem a outras, e não há como evitar que o Espiritismo se ramifique em virtude da variedade de gradações e níveis de entendimento dos seres. Um exemplo é o chamado Racionalismo Cristão.

---

(2) Nota do Editor. Ressalvamos, mais uma vez, que se trata de opinião do Autor, como ele próprio assevera na Introdução.

CENTRO ESPÍRITA: Diretrizes Básicas e Unificação 125

O Espiritismo já conquistou seu espaço na sociedade e é natural que sirva como elemento de suporte para outras seitas e crenças. Voltamos aqui a lembrar a necessidade de uma visão mais sistêmica e holística da sociedade. Assim, o fenômeno se torna mais compreensível.

20 — O PAPEL DOS FORMADORES DE OPINIÃO — A "IDADE MÍDIA"

Com o fim da Idade Média, seguida do ideário burguês – já em crise –, nada mais natural que a humanidade dê a volta por cima, em busca de novos caminhos, como vem fazendo há milênios.

Agora, com a "idade mídia" em franca expansão, faz-se cada vez mais importante que saibamos interagir e utilizar corretamente os meios de comunicação que nos possibilitam intercambiar idéias em tempo real, qualquer que seja a localização no Planeta.

20.1 — CORREÇÃO DE DESVIOS DE INTERPRETAÇÃO E EQUÍVOCOS DOUTRINÁRIOS

Esse ponto é de suma importância para que os formadores de opinião, espíritas, cuidem para cumprir bem seu papel, corrigindo distorções, erros e equívocos doutrinários, ao mesmo tempo em que divulgam os verdadeiros princípios doutrinários. É uma questão de qualidade de informação, através de meios e métodos corretos e condizentes com as realidades e necessidades do mundo atual (e do movimento espírita).

21 — CIÊNCIA, FILOSOFIA E MORAL (OU RELIGIÃO)

Espalha-se aos quatro ventos que esse é o tripé formador da Doutrina Espírita. No entanto, cada agrupamento ou pessoa dá ênfase àquilo que julga mais importante no momento, qualquer que seja a justificativa. Ainda é uma questão relacionada às afinidades que surgem entre pessoas e grupos, e certos aspectos doutrinários.

21.1 — Esclarecimento e Consolo

Apesar das preferências de cada um, não se pode esquecer que a finalidade do Espiritismo é moralizar o homem e dar-lhe consolo e entendimento sobre sua vida e condição na Terra, e também depois da morte.

21.2 — Espiritismo – mais uma "Gaiola de Ouro"?

Na atualidade, a sensação de opressão que atinge a todos leva todo mundo a buscar alguma liberdade, dentro dos limites de seu entendimento. Muita gente se esquece de que a Doutrina Espírita é, antes de tudo, uma doutrina de libertação, e não mais um tipo de cabresto ou gaiola, para se prender a mente dos homens.

Dentro dessa perspectiva, deve-se tentar evitar, por todos os meios, usar formas objetivas ou subjetivas

CENTRO ESPÍRITA: Diretrizes Básicas e Unificação 127

da "pedagogia do medo", como o fizeram e fazem outras religiões e seitas. A Doutrina Espírita tem mais a oferecer, e não precisa nem deve usar esses meios, embora muitos dirigentes e expositores o façam de forma clara ou não.

22 — ESPIRITISMO E QUESTÕES SOCIAIS

Com relação às práticas de alcance social, o Espiritismo tornou-se conhecido pelas suas atividades de assistência através de creches, escolas, hospitais, cestas básicas, abrigos etc. Todas louváveis, sem dúvida, mas insuficientes para dar solução aos problemas materiais dos milhões de carentes que nos cercam. Os problemas de ordem sócio-moral e materiais dos homens se agravaram muito nas duas últimas décadas e demandam reavaliação e atualizações.

22.1 — Saúde e Educação

Esses são dois pontos que estão na ordem do dia, não só em se tratando de Brasil. Sem um mínimo de saúde e de educação, mesmo o Espírito mais bem intencionado pode resvalar para a marginalidade. A sociedade é co-responsável por todos os atos de desmando e violência que uma minoria pratica, afetando negativamente a todos. Os problemas devem ser resolvidos pel· base, em atendimento ao preceito espírita de que, removendo-se a causa, extinguem-se os efeitos.

22.2 — O Método de Cura Espírita

A fluidoterapia (o passe espírita e a água fluidificada) e o esclarecimento são os métodos de cura eminentemente espíritas. Todos os demais, da PNL (Neurolingüística) aos florais, cristais e yoga, fitoterapia ou cromoterapia, hipnose ou TVP (regressão), são alternativas que podem ser úteis e eficazes, mas que não podem ser classificadas de práticas espíritas. Sua validade é comprovada em muitos casos, no mínimo em atendimento a interesses e peculiaridades de cada pessoa. Atualmente, admite-se a homeopatia como um complemento eficaz da fluidoterapia. (3)

23 - A VISÃO DE QUEM NÃO É ESPÍRITA

Os espíritas, em geral, são vistos como pessoas comuns pelos que não são espíritas. Já não somos tidos como praticantes de magia ou coisas assim, embora o preconceito e a discriminação possam aparecer como em qualquer outra situação que envolva ideologia, política, futebol ou religião. A discriminação contra os espíritas aparece quando e onde há desinformação ou má-fé.

23.1 — E os que Abandonam o Espiritismo?

Via de regra, aqueles que abandonam o Espiritismo é porque jamais o encontraram

---

(3) Nota do Editor. Idem.

CENTRO ESPÍRITA: Diretrizes Básicas e Unificação   129

internamente e por vontade própria. Passaram pelo Espiritismo. Os verdadeiros espíritas não se abalam diante de eventuais concepções errôneas a seu respeito ou sobre a Doutrina que professam.

Se alguém por uma razão ou outra decide deixar o Espiritismo, está fazendo uso de um direito líquido e certo: o da liberdade de escolha, o uso de seu livre-arbítrio, garantido pelas leis terrenas e divinas, não cabendo nenhum tipo de julgamento ou censura por parte de ex-correligionários, parentes ou amigos.

24 — A RELAÇÃO ENTRE OS "VIVOS" E OS "MORTOS"

A cultura brasileira admite, sem dificuldades, a existência da alma e de uma vida após a morte. Nesse contexto sócio-cultural, a própria reencarnação é aceita, embora revestida de aparências místicas, incompletas ou imperfeitas. Mas a idéia da reencarnação é algo de domínio público. É comum as pessoas apelarem aos parentes já falecidos – como aos santos – nas horas de dificuldade; prova indiscutível da aceitação de que eles continuam "vivos".

24.1 — Colaboração ou Dependência?

No meio espírita, a relação entre os mundos visível e invisível é apresentada como coisa comum, possível a todos. No entanto, a falta de critérios adequados, conhecimentos e mesmo o medo de *"desagradar aos deuses"*, fazem desse intercâmbio uma relação de

130 Celso Martins e Rubens Braga

dependência, na maioria dos casos. Assim, Espíritos moral e intelectualmente pouco adiantados assumem a liderança de agrupamentos espíritas, fazendo-se "guias", cujas orientações passam a ser inquestionáveis. Na falta de espírito crítico, surge a dependência em vez da colaboração.

25 — CONSIDERAÇÕES FINAIS

Como mencionado na Introdução, o que o leitor tem em mãos nada mais é que a expressão de uma opinião pessoal, sujeita a possíveis e prováveis equívocos de análise e interpretação, diante de uma situação complexa, como é a busca de compreensão acerca do movimento espírita na atualidade. No entanto, para o eventual leitor, poderá ser útil como ponto de partida e – quem sabe? – desenvolvimento de abordagens que evitem repetições de erros históricos conhecidos.

Se o movimento espírita – como atividade humana – não tem como queimar etapas em sua evolução, não precisa repetir erros. A existência de Deus e da imortalidade da alma, com todas as suas conseqüências benéficas, são princípios que devem ser difundidos, democratizados, por todos os meios e para todas as camadas sociais. Mas, primeiramente, devemos solucionar certas questões internas em favor do interesse da coletividade humana.

.... o ....

CURSOS E ESTUDOS

Reuniões Mediúnicas (Diretrizes Básicas)

Celso Martins e Rubens Braga
Guia Prático de reuniões mediúnicas
• 112 p. • 13x18cm

Um guia reunindo as principais advertências e orientações para os médiuns, dirigentes e demais estudiosos da Doutrina.

Centro Espírita - ATENDIMENTO FRATERNO E APLICAÇÃO DO PASSE

Celso Martins e Rubens Braga
Atendimento fraterno e passe na casa espírita
• 180 p. 13x18cm

Uma obra que pretende contribuir com as atividades espíritas. Trata-se de mais um estudo sério sobre o Centro Espírita, de dois escritores que conhecem com profundidade a Doutrina e escrevem bem.

A publicação se baseia rigorosamente nas orientações de Allan Kardec, de Emmanuel e de André Luiz, sendo citados outros autores encarnados e desencarnados de confiança.

CURSOS E ESTUDOS

Expositores Espíritas

Rubens Braga
Curso para Expositores e
Dirigentes Espíritas
• 166 p. • 13x18 cm

Um livro necessário e oportuno para dirigentes, oradores e iniciantes que desejam desenvolver o conhecimento, a técnica e a organização de uma exposição espírita. Prático e ilustrado.

Manual do Expositor e do Dirigente Espírita

Celso Martins
Oratória e Exposição Espírita
• 144 p. • 14x21 cm

Este livro explica algumas técnicas àquele que deseje expor em público a mensagem espírita. É um manual simples e objetivo.

CURSOS E ESTUDOS

O que é o Espiritismo

Organizado por PROJETO VEK
Curso de Iniciação ao Espiritismo
• *120 p.* • *14x21 cm*

É um curso de introdução ao conhecimento da Doutrina Espírita, fornecendo subsídios teóricos que podem e devem ser aplicados nas ações de nossas vidas.

Pequeno Manual do Orientador Espírita

Paulo R. Santos
Atendimento Fraterno
• *72 p.* • *13x18cm*

Este livro visa repassar ao orientador espírita algumas noções elementares mas essenciais ao serviço de atendimento, esclarecimento e reconforto às pessoas que o procuram nos momentos de dor, nos centros espíritas.

CURSOS E ESTUDOS

Fundamentos da Doutrina Espírita

José Benevides Cavalcante
Conceitos Básicos do Espiritismo
• *176 p.* • *13x18 cm*

Um estudo para aqueles que desejam conhecer o mundo fascinante dos Espíritos e os conceitos básicos do Espiritismo.

O Passe: Eficácia, Interpretações e Implicações

Geraldo Panetto, com prefácio de Heloísa Pires
Curso sobre Passes
• *320 p.* • *13x18 cm*

O autor explica o porquê e como do passe, sua eficácia nos tratamentos e suas implicações. Fala muito mais sobre este recurso da terapêutica espírita.

CURSOS E ESTUDOS

Terapêutica Espírita

Geziel Andrade
Orientação, Prece, Med. Curadora, Imp. das mãos, Água Fluidificada, Desobsessão
• 216 p. • 14x21 cm

Neste livro, Geziel Andrade aborda de uma forma direta, didática, simples e clara todo o contexto da Terapêutica Espírita que envolve as orientações doutrinárias e evangélicas, a prece, a mediunidade curadora, a imposição das mãos e a desobsessão. O leitor vai descortinar passo-a-passo os segredos das curas espirituais, desvendados pelo Espiritismo.

Espiritismo e as Igrejas Reformadas

Jayme Andrade
Estudo Doutrinário/Evangélico
• 252 p. • 14x21cm

Com o objetivo de esclarecer seus antigos companheiros de fé evangélica sobre os fundamentos científicos e filosóficos do Espiritismo, e a posição deste em face da ortodoxia seguida pelas igrejas cristãs e tradicionais. Este é um livro imprescindível ao espírita, seja iniciante ou dirigente de reuniões, pois no dizer do prefaciador, e dos escritores Celso Martins e Hermínio Correia Miranda: – o livro é muito bom.

OS MAIS VENDIDOS

Getúlio Vargas em dois mundos
Wanda A. Canutti (Espírito Eça de Queirós)
Biografia romanceada vivida em dois mundos
•300 p. - 14x21 cm

Uma obra que percorre importantes e polêmicos fatos da História, da época em que Vargas foi presidente do Brasil. Descreve também, seu retorno ao plano espiritual pelas portas do suicídio. Ditada pelo Espírito Eça de Queirós, a obra surpreenderá o leitor mais familiarizado com a extensa obra deixada pelo grande Eça há quase um século.

O Evangelho Segundo o Espiritismo
Tradução Matheus Rodrigues de Camargo, revisão de Celso Martins e Hilda F. Nami • 288 p. – 15,5 x 21,5 cm
Novo formato de bolso • 448 p. – 10,5 x 15,5 cm

Espíritas!, amai-vos, eis o primeiro ensinamento. Instruí-vos, eis o segundo. Todas as verdades são encontradas no Cristianismo; os erros que nele criaram raízes são de origem humana. E eis que, além-túmulo, em que acreditáveis o nada, vozes vêm clamar-vos: Irmãos! Nada perece. Jesus Cristo é o vencedor do mal; sede os vencedores da impiedade!
O Espírito de Verdade – "O Evangelho Segundo o Espiritismo"

Mensagens de Saúde Espiritual
Wilson Garcia e Diversos Autores – Meditação e auto ajuda
124 p. – 10 x 14 cm

A leitura (e releitura) ajuda muito na sustentação do nível vibratório elevado. Abençoadas mensagens! Toda pessoa, sã ou enferma, do corpo ou da alma, devia ter esse livreto luminoso à cabeceira e ler uma mensagem por noite.
Jorge Rizzini

---

*Não encontrando os livros da EME na livraria de sua preferência, solicite o endereço de nosso distribuidor mais próximo de você através do Fone/Fax: (19) 3491-7000 / 3491-5603.
E-mail: atendimento@editoraeme.com.br – Site:www.editoraeme.com.br*